의료재난의 시대
우리는 왜 공공의료를 외치는가

© 나백주·정형준·제갈현숙, 2025. Printed in Seoul, Korea

초판 1쇄 펴낸날	2025년 1월 30일
초판 2쇄 펴낸날	2025년 2월 21일
지은이	나백주·정형준·제갈현숙
펴낸이	한성봉
편집	김선형
콘텐츠제작	안상준
디자인	최세정
마케팅	박신용·오주형·박민지·이예지
경영지원	국지연·송인경
펴낸곳	도서출판 동아시아
등록	2022년 10월 5일 제2022-000102호
주소	서울 중구 필동로8길 73 [예장동 1-42] 동아시아빌딩
페이스북	www.facebook.com/dongasiabooks
전자우편	dongasiabook@naver.com
블로그	blog.naver.com/dongasiabook
인스타그램	www.instargram.com/dongasiabook
전화	02) 757-9724, 5
팩스	02) 757-9726

ISBN	979-11-93690-06-2 03330

※ 히포크라테스는 동아시아 출판사의 의치약·생명과학 브랜드입니다.
※ 잘못된 책은 구입하신 서점에서 바꿔드립니다.

만든 사람들

총괄 진행	김선형
책임 편집	문혜림
크로스 교열	안상준
디자인	페이퍼컷 장상호

의료 재난의 시대.❗

나백주
정형준
제갈현숙

지음

우리는
왜
공공의료를
외치는가
☑
☑
☑

히포크
라테스

"그런 의료는 없다"라는 성찰의 지침서

김창엽 · 서울대학교 보건대학원 교수, 시민건강연구소 이사장 겸 소장

한국 의료의 시장화와 영리 추구는 곧 내 몸과 마음, 삶의 취약성이며 그 고리다. 이 책은 그 병폐를 체감하는 데서 한 걸음 더 나아가 이를 성찰하고 이해해서 내 문제가 되게 한다. 누구라도 실천에 나서게 할 것이다. 이론과 실천 모든 방향에서 의료의 공공성 강화를 위해 최일선을 지켜온 저자들이라 더 미덥다. 모두가 반자본주의 의료를 지지하고 옹호하게 할 지침서 구실을 할 것으로 믿는다.

의료재난, 어디에서 왔고 어디로 갈 것인가?

신영전 · 한양대학교 의과대학 예방의학교실 교수, 건강과 사회연구소 소장

2023년 10월 19일 윤석열 대통령의 의대 정원 증원 발표 이후 이에 반대하는 의사, 전공의, 의대생들의 조직적 저항으로 대형병원의 병상 가동률이 50% 이하로 떨어지는 등 의료공급체계의 파행이 지속되고 있다. 특히 응급환자에 대한 조치나 암 환자의 치료가 지연되면서 많은 비극을 양산하고 있다.

저자들은 현재 상황을 "인체 피해와 합병증을 최소화하기 위해 마땅히 작동해야 할 의료안전망의 부재와 그로 인한 혼란으로 발생하는 추가적인 사회재난"인 '의료재난'으로 규정한다. 또한 이 의료재난이 오래된 기원을 가지고 있으며, 이번이 마지막이 되지 않을 것이라고 주장한다.

의료재난이 어디에서 왔는가 못지않게, 아니 그보다 더 중요한 것은 우리가 이 재난을 통해 무엇을 배우고, 결국 어디로 갈 것인가다. 학자로서뿐만 아니라 보건의료정책 현장에서 현실적인 문제를 다루어 왔던 보기 드문 전문가인 저자들은 우리 사회가 돌아가야 할 바로 그 지점을 구체적으로 지목한다. 나 역시 우리가 도달해야 할 곳이 그곳이라고 믿는다.

'의료재난'의 한복판에서 그려보는 '좋은 의료'

김동은 · 계명대학교 동산병원 이비인후과 교수, 『당신이 나의 백신입니다』 저자

지난 2022년, 우리나라에서 가장 크다는 '재벌병원'의 간호사가 일하다 뇌출혈이 발생했는데 병원에 수술할 의사가 없어 사망했다. 지난 2023년, 대구의 한 4층 건물에서 추락한 10대 학생이 '응급실 뺑뺑이'로 2시간 이상 표류하다 목숨을 잃었다. 지역에 상급종합병원이 5개나 있었지만, 응급실 수용 후 응급수술 등 '배후진료'를 할 의사가 부족했기 때문이다.

그리고 2024년, 의대 정원 확대에 반대하며 전공의가 집단 사직하자 심각한 '의료공백'이 발생했다. '아프면 지옥'이기에 '아프지 말자'가 시민들 사이에서 인사말이 되고 말았다. 대도시에서는 이제야 의료공백을 아우성치지만, 의사도 병원도 부족한 농어촌에서는 의료공백이 일상이 된 지 이미 오래다.

의사가 부족하다. 그러므로 의사 수를 늘려야 한다. 그러나 의대 증원만으로 이 모든 문제가 해결될까? 오늘의 사태를 '의료재난'으로 정의한 이 책의 저자들은 아니라고 말한다. 의료마저 돈벌이 수단으로 여기는 시장 중심 의료체계가 의료재난의 근본 원인이라고 진단한다. 아울러 보건의료체계의 공공성 강화와 주치의제도 도입을 통한 일차의료 중심으로의 시스템 전환을 치료법으로 제시한다.

'좋은 의료'란 과연 무엇일까? 이 책을 관통하는 키워드다. 저자

들은 질적으로 우수하고 안전하며 누구에게나 차별 없이 제공되는 환자 중심 의료를 좋은 의료라고 정의한다. 그렇다면 좋은 의료는 누가 만들어 가야 할까? 지금은 다투는 듯 보이지만 '의료의 공공성'은 외면한 채 시장만능주의 의료체계 강화에 오랫동안 궤를 같이해 온 정부와 의사집단의 손에만 맡겨서는 안 된다. 이제는 우리 공동체 구성원 모두가 나서서 '돈보다 생명의 가치'가 존중받는 좋은 의료를 함께 만들어 가야 한다.

　의대 정원 증원을 둘러싼 정부와 의료계 간의 지루한 줄다리기 싸움으로 환자들의 고통이 날로 커져만 가는 이때, 우리나라 보건의료 문제에 깊이 천착해 온 저자들이 쓴 좋은 책이 선물처럼 다가와 반갑다. 좋은 의료를 소망하는 많은 이들에게 오늘날 우리 의료가 처한 위기를 친절하게 해석해 주고, 함께 나아가야 할 진정한 의료 개혁의 길을 보여주는 '최상의 텍스트'가 되리라 믿는다.

2024년, 시민들은 영문도 모른 채 정부와 의사단체의 힘겨루기에 볼모로 잡혔다. 한국 의료는 언제부터 이렇게 미운 오리 새끼가 되었을까? 도대체 이 사태의 본질은 어디서 비롯되었을까? 한국 의료를 역사적·사회적으로 살펴본 필자들은 안타깝게도 현 의료체계가 더 이상 지속 가능하지 않다는 결론을 내리게 되었다. 정부가 의료의 공공성을 방치한 결과 걷잡을 수 없을 정도로 비급여진료가 증가했고, 정부는 증상만 보고 원인은 놓아둔 채 의사 증원만 하면 된다고 처방을 내렸다. 하지만 시민 참여의 결여와 공공의료 부족이라는 근본 원인을 도외시하는 이러한 처방은 오히려 상업화된 의료를 더 부추기는 결과를 초래하고 만다.

코로나19 범유행pandemic을 거치면서 시민들 사이에서 공공병원의 필요성이 공개적으로 논의되기 시작했다. 좀 더 정확히 말하면 그동안 공공병원의 필요성에 회의적이었던 사람들도 "그래 맞아, 공공의료가 필요해!"라고 하면서 그 필요성에 동조하기 시작했다. 하지만 코로나19가 소강상태로 접어들면서 '공공의료가 한국 사회에서 가능하겠어?'라는 부정적 인식이 퍼져갔다. 필요성보다는 가능성이 문제가 되고, 언론에서도 수도권 원정의료나 응급실 뺑뺑이 등 분절적인 의료 문제만 쟁점이 되면서 공공의료는 다시 수면 아래로 가라앉았다. 그런데 2024년 2월 윤석열 정부가 큰 폭의 의대 정원 증원을 발표하자 전공의들이 집단파업에 돌입했고, 정부는 이에 대응하기 위해 공공의료기관을 동원하고 공공의료 부문에 종사하는 의사들에게 임무를 맡기고 있다. 사실 전공의들의 파업만으로 의료공백 사태가 확대되는 것은 근본적으로 공공의료의 부재 때문이다. 코로나19 범유행과 전공의들의 집단행동 등에서 드러난 한국 사회의 공공의료 부재 문제는 의료재난과 밀착되어 우리의 현실에 다가와 있다.

앞으로 구체적으로 살펴보겠지만, 근래 발생한 몇몇 사건들을 상기해 보면 이 문제의 심각성을 잘 알 수 있다. 한국 사회는 코로나19 범유행 시기를 겪으면서 믿었던 의료안전망으로부터 배신을 당했다. 확진자가 속출하던 혼란한 상황 속에서 병상을 배정받지 못한 환자들이 대기 중 사망하는 아슬아슬하고 안타까운 사건들이 즐비했다. 코로나19에 걸린 중환자가 입원할 병상이 없어 대형병원에 중환자 병상을 만들라는 행정명령이 내려져야 했고,[1] 더군다나 민간병원들은 충분한 금전적 보상을 약속해야만 이를 겨우 따랐다. 공공병원이 없는 지자체에서는 관내에 환자를 받아주는 병원이 없어 환자들이 다른 지역으로 먼 거리를 이동해야 했다.

그런데 코로나19 범유행 시기만이 문제가 아니었다. 2022년 7월 말, 한국에서 가장 큰 서울아산병원에서 일하던 간호사가 뇌출혈로 쓰러졌는데, 수술할 의사가 없어 서울대학교병원으로 전원하다 결국 사망한 사건은 어떠한가? 2022년 12월, 인천에 있는 가천대학교 길병원의 소아과병동에서는 당직을 설 의사가 부족해서 입원을 중단하겠다고 밝혔다. 길병원은 당시 권역응급센터를 운영하고 있었고 상급종합병원으로서 추가 보상도 받고 있었지만, 소아과 입원이라는 의료 본연의 필수서비스 제공에는 관심이 없었다. 2023년 5월에는 병원이 가장 많이 밀집된 서울에서 응급실을 제때 찾지 못해 5세 아동이 사망하는 사건도 발생했다.[2] 지역의 필수의료체계가 무너지면서 소아청소년과 오픈 런[3]은 물론이고, 서울 대형병원 앞의 환자방 문제[4]도 이제는 한국 사회의 일상이 되고 있다. 전국 방방곡곡에서 응급실, 분만시설은 물론이고 변변한 동네의원도 찾기 어려운 의료체계의 붕괴가 현실로 드러나고 있다. 얼마 전에는 경남 양산시에 있는 한 지역 민간종합병원이 인구 감소로 인해 폐업을 하고 말았다. 지방에 있는 중소규모 민간의료기관의 약화로 빚어진 지방의료체계에 대한 불신은 수도권으로의 환자 쏠림이라는 지역 간 의료 불평등 문제를 더욱 악화시키고 있다.

이런 붕괴된 의료 현실을 개선하고자 정부는 의사 수 증원이라는 대책을 발표했다. 그런데 공공의료 부문에서 의사를 교육·수련해 공공병원 등 지방에 배치하겠다는 최소한의 지방의료 활성화 전략도 없이 단지 2000명이라는 의사 수 증원 숫자만 덜렁 발표하고 말았다. 지방에서 환자를 돌볼 민간병원은 문을 닫고 있는데, 공공병원은 만들지 않고 단지 의사 수를 2000명 늘리겠다는 정부의 대책을 도대체 어떻게 바라봐야 할까?

한편 한국의 경상의료비가 국내총생산GDP(이하 GDP)에서 차지하는 비율은 거의 10%에 이를 정도로 상승해 총의료비도 가파르게 증가하고 있다. 의료공급과 재정 부분의 난맥상은 지금껏 한국 사회를 지탱해 온 시장 중심 의료가 심각한 위기에 봉착했음을 보여준다. 이는 향후 수많은 의료재난이 발생할 수 있다는 것을 보여주는 징후이기도 하다. 즉 건강보험 보장성이 높지 않은 상태에서 질병치료를 위해 개인 가구에서 지출해야 할 비용이 계속 올라가 결국 가계에 심각한 부담을 초래할 수 있다는 이야기다. 건강보험 보장성은 전체 의료비 지출 가운데 건강보험에서 부담하는 비율로 흔히 측정되는데, 한국은 2020년 기준 62.2%로 경제협력개발기구OECD(이하 OECD) 회원국 중 가장 낮은 편이다.[5]

그렇다면 한국의 건강보험 보장성은 왜 낮은 것일까? 첫째, 외과수술 등 필수의료 영역에서는 보장성이 낮지만, 영상의학검사 등의 영역은 보장성이 상대적으로 더 높아서 수익을 극대화하려는 민간병의원에서 수익이 높은 의료 영역을 과도하게 만들어 내고 있기 때문이다. 그 외에도 미용을 목적으로 한 성형시술이나 단순 기능 개선용 관절시술, 도수치료 등이 이런 경우에 해당한다. 둘째, 비필수의료 영역의 비급여진료(건강보험에서 보장해 주지 않는 영역) 이용이 과도하게 작용하여 이 부분의 의료시장이 지나치게 활성화한 것도 그 원인으로 볼 수 있다. 가령 실손의료보험으로 인해 본인부담금이 없어지면서 갑자기 백내장수술 후 삽입하는 인공렌즈 비용이 비싸지고 백내장수술을 받는 환자 수가 늘어나는 경우를 들 수 있다. 또 급여진료와 비급여진료를 동시에 받는 혼합진료로 인해 의료 이용이 과도하게 늘어나는 것도 그 원인으로 지적할 수 있다. 특히 이는 수익에 대한 의존성이 높은 민간의료시장에서 주도적으로 이루어지고 있다. 하지만 이를 견제할 수 있는 시민의 목소리도 미흡하고, 의사들도 이런 상업적 의료에 대해 소신 있는 목소리를 낼 수 있는 환경이 조성되지 못하고 있다. 한국 사회는 지나친 민간의료공급체계를 가지고 있어서 이에 대항할 수 있는 공공의료공급체계를 만들어 내기가 녹록지 않은 상황이다.

더구나 공공병원이 부족하고 그나마 있는 공공병원도 규모와 진료 기능이 미흡해서, 코로나19 범유행 시기 앞장서 신종감염병 환자를 맡았던 것이나 간호간병통합서비스의 선도적 도입을 추진했던 것 같은 적극적인 방안이 제대로 이루어지지 못한 것도 문제라고 할 수 있다.

* * *

'의료재난'이라는 용어는 지금까지 학술적으로 정리되지 않은 개념이다. 재난은 '자연재난'과 '사회재난'으로 구분되는데,* 이 개념

정의에서 유추해 보면 의료재난은 '(일단 재난이 발생했을 때) 더 이상의 인체 피해와 합병증을 최소화하기 위해 마땅히 작동해야 할 의료안전망의 부재와 그로 인한 혼란으로 인해 발생하는 추가적 사회재난'으로 규정할 수 있다. 필자들은 지금의 한국 의료 현실을 '의료재난'으로 정의하고, 도대체 왜 이런 사회재난이 생겼으며 앞으로이를 어떻게 해결해 나가야 할 것인지에 대해 하나하나 살펴보고자한다.

의료재난은 왜 생기는 것일까? 이제 우리는 문제의 원인을 명확히 분석하고 그 해결방안을 반드시 찾아야 한다. 한국 사회에서 발생하는 의료재난은 보건의료체계의 공공성 부족에서 기인한다. 한편 공공성 부족은 상업성의 만연으로 드러나고 있다. 다시 말해 의료기관의 수익 추구 활동이 공익 추구 활동을 앞서기 때문에 공공의료 분야가 위축되고 수많은 문제가 연쇄적으로 발생하고 있다.

공공의료는 ○재난 대비 의료, ○지역 완결 필수의료, ○질병 예

---

* 〈재난 및 안전관리 기본법〉 제3조(정의). 이 법에서 사용하는 용어의 뜻은 다음과 같다.
　1. "재난"이란 국민의 생명·신체·재산과 국가에 피해를 주거나 줄 수 있는 것으로서
　　다음 각 목의 것을 말한다.
　　가. 자연재난: 태풍, 홍수, 호우, 강풍, 풍랑, 해일, 대설, 한파, 낙뢰, 가뭄, 폭염, 지
　　　진, 황사, 조류 대발생, 조수, 화산활동, 소행성·유성체 등 자연우주물체의 추
　　　락·충돌, 그 밖에 이에 준하는 자연현상으로 인하여 발생하는 재해
　　나. 사회재난: 화재·붕괴·폭발·교통사고(항공사고 및 해상사고를 포함한다)·화생방사
　　　고·환경오염사고 등으로 인하여 발생하는 대통령령으로 정하는 규모 이상
　　　의 피해와 국가핵심기반의 마비, 〈감염병의 예방 및 관리에 관한 법률〉에 따
　　　른 감염병 또는 〈가축전염병예방법〉에 따른 가축전염병의 확산, 〈미세먼지
　　　저감 및 관리에 관한 특별법〉에 따른 미세먼지 등으로 인한 피해

방과 주민 건강증진에 앞장서는 예방의료, ○건강보험 보장성 강화를 위한 표준진료 모델 창출, ○취약지역 및 취약계층 진료, ○장애가 있는 시민, 성소수자, 이주노동자, 노숙자 등에 대한 인권진료, ○환경 및 사회문제 해결에 앞장서는 의료 등으로 설명할 수 있다. 또한 공공의료는 지역주민 스스로 모두의 의료 편익을 향상하기 위해 의견을 내고, 바람직한 의료공급을 위해 공공의료기관 운영에 참여하여 실제 건강한 생활 및 의료 이용 실천에 앞장서는 의료로도 정의할 수 있다.

물론 공공의료를 정확하게 정의하는 문제에 대해서는 학자들의 견해도 다양하고, 언론이나 대중이 일상생활에서 사용하는 맥락이 다를 수 있다. 어떤 학자는 국공립병원의 확충을 공공의료 강화라고 이야기하고, 어떤 학자는 보건의료체계의 공공성 강화라는 기능 차원으로 폭넓게 접근하기도 한다. 물론 공공병원이나 민간병원 모두 환자 개개인의 치료를 맡는 듯 보이지만, 환자를 둘러싼 사회문제를 대하는 방식에 있어서는 분명 차이를 보인다.

따라서 대체로 공공의료는 한 사회가 처한 사회적 맥락에서 부족한 공공성을 강화하기 위한 실천적인 과제로 정의하는 것이 타당할 것이다. 의료공급을 정부 영역과 민간 영역으로 나누어 볼 때, 현재 한국 사회는 정부 영역의 비중이 작고 그 기능이 취약하며, 민간의료기관의 시장 중심 의료에 더 의존하고 있다. 이는 OECD와 세계보건기구WHO(이하 WHO)에서 매년 발표하는 공공병원 병상 비중에서 한국이 최하위 수준이라는 것을 통해 단적으로 확인할 수 있다. 따라서 한국은 부족한 보건의료체계의 공공성을 강화하는 과제, 구체적으로 공공병원을 확충하고 그 기능을 강화하는 일을 당면한 중요 과제 중 하나로 삼아야 한다.

동시에 공공병원의 기능을 공공적으로 강화하면서 이를 지렛대 삼아 한국 보건의료체계 전반의 공공성을 확대하려는 노력을 기울여야 한다. 물론 늘어나는 국공립 병상은 그만큼 재정 투자가 많아져야 한다는 것을 의미하기도 하지만, 전체 보건의료체계의 공공성을 강화하고 건강보험 보장성을 높여 국민의 건강 수준을 향상시켜야 한다는 목표도 이와 함께 제시되어야 할 것이다.

혹자는 한국처럼 민간 영역이 압도적인 비중을 차지하는 국가에서도 정부 영역과 민간 영역이 모두 같은 기능을 수행하고 있으므로, 건강보험의 역할만 강화하면 공공의료가 강화될 것이라고 주장하기도 한다. 하지만 이런 논리로 정부 영역의 의료공급(국공립병원, 공공클리닉 등) 자체를 방치하면 결국 '공공의료'로 포장된 민간의료기관과 영리적인 의료에도 '공공성'을 덧칠하게 된다. 이는 결국 많은 의료인 및 의료자원이 민간의료에 집중하게 되는 결과를 낳고, 정부 영역의 의료공급도 민간화, 즉 수익을 중시하는 시장 중심 의료를 따라가게 만드는 경향을 초래한다. 이러한 경향은 코로나19 범유행 같은 재난 시기에 극명한 의료공공성 부족으로 드러난다.

어떤 학자는 공공병원 같은 공적 소유 병원을 늘리는 것도 중요하지만, 사람들이 그런 공공병원 운영에 어떻게 참여하고, 참여가 어떻게 보장되는가에 주목하여 거버넌스 차원에서의 공공의료 강화를 이야기하기도 한다. 공공公共의료는 '정부와 함께 시민이 병원 운영에 참여하여 민주적 통제를 실현하는 의료'로도 해석된다. 그런데 실제 공립公立의료는 정부가 설립하기는 했지만 제대로 관리가 안 되는 경우가 많으며, 어떤 정부가 들어서느냐에 따라 정부 영역 의료에 대한 투자가 후퇴하기도 한다. 하지만 민간자본으로 설립된 의료기관에 대해서는 시민의 참여가 공적·법적으로 보장될 수 없고, 그럴 의무 또한 없다. 반면 정부가 설립한 의료기관에 대해서는 법률과 예산 등 제도 기반만 갖춰지면 시민이 공공병원 운영에 직접 참여할 수 있다는 차이가 있다.

이러한 관점에서 정부가 설립하고 시민이 함께 운영하는 공공병원을 전체 병원의 절반 정도 수준으로 확충해 공공의료체계의 선순환을 만들자는 방안이 지난 40여 년간 의료 개혁의 주요 대안으로 제기되어 왔다. 하지만 이 개혁안은 공론의 장에서 제대로 논의되지 못했고, 그 결과 지금까지 제대로 실행되지 못하고 있다. 하지만 기후위기와 초고령사회로의 진입을 눈앞에 둔 현시점에서 공공의료의 기반을 확충하는 일은 그 어느 때보다 절실하다.

앞으로 가속화될 인구 고령화와 저출산 현상은 '한국 사회의 지방 소멸'이라는 심대한 지각변동을 예고하고 있다. 기후위기로 재난이 언제든 닥칠 수 있는 상황인 만큼 더 튼튼한 의료안전망이 지역별로 갖춰져야 한다. 예를 들어 거주하는 곳에서 시민들이 안전하고 건강하게 나이 들어갈 수 있도록 일차의료체계primary health care system를 강화하고, 이를 지원하는 전문의 중심의 공공종합병원(지역 거점 종합병원 기능 수행)을 건립해야 한다. 또한 신종감염병 대응이나 지방 인구 감소에 따른 지방 소멸에 대항하여 살 만한 지방이 될 수 있도록 의료 측면의 활동을 보장하는 공공보건의료체계(불가피한 적자를 계산하여 수익이 낮아도 지방에서 필수의료가 작동하도록 하는 체계)도 필요하다.

2024년 여름, 부쩍 세계 각국에서 무더위와 가뭄, 홍수 같은 기후위기 현상이 많이 나타나고 있다. 어쩌면 이미 의료재난은 시작되고 있는지 모른다. 이런 현실을 극복하기 위해서는 상업성에 휘둘리지 않고 위기에 체계적으로 대응할 수 있는 공공의료의 강화가 그 무엇보다 필요하다.

의료재난을 극복하기 위해 필요한 공공의료 강화 방안을 다룬 이 책은 1장에서 감염병으로 들춰진 한국 의료의 민낯이란 주제로 K-방역의 성과와 한계, 그리고 의료상업성에 찌든 한국 의료의 문제점들을 정리한다. 그리고 2장에서는 의료재난을 불러온 시장 중심 의료공급구조의 실태와 이로 인한 지역 간 보건의료자원의 불평등 실태를 진단한다. 3장에서는 한국 사회가 영리의료에 병들게 된 원인을 역사적으로 되짚으면서 의료보장의 제도적 특징을 분석한다. 4장에서는 공공의료를 바로 세우기 위해 필요한 문화적·제도적·정책적 방향에 대해 모색해 본다. 특히 의료를 바라보는 시각의 재정립 방향, 건강보험 보장성 강화를 위한 제도적 체질 개선 방법, 좋은 의료와 공공병원에 대한 비전 등을 제시한다.

각 장 끝에 실린 〈알고 싶어요〉 코너에서는 공공의료에 대한 이해를 높이는 데 도움이 되는 쟁점이나 주제를 추려서 알기 쉽도록 정리했다. 중간중간 쉬어가면서 갑갑했던 궁금증을 푸는 오아시스 같은 코너가 되기를 바란다.

이 책을 통해 한국 사회가 구조적으로 안고 있는 의료 문제에 대해 환기할 수 있고, 공공의료가 구체적인 희망으로 독자 여러분에게 다가설 수 있기를 바라본다. 디스토피아를 거치지 않고 유토피아로 가는 길은 아직 우리 손에 달려 있다.

2025년 1월

나백주·정형준·제갈현숙

CONTENTS

일러두기

1 단체명과 전문 용어의 표기는 저자의 원칙을 따랐으며, 관행적으로 통용되는 표현이 있을 경우 이를 참조했다. 주요 개념이나 한글만으로 뜻을 이해하기 힘든 용어의 경우 원어나 한자를 병기했으며, 전문 용어의 경우 괄호를 병기해 개념을 제시했다.

2 단행본은 『 』, 보고서와 논문은 「 」, 신문과 정기간행물은 《 》, 법령·선언문·선서·드라마·다큐멘터리·발표자료(PPT 포함)·단행본의 개별 장은 〈 〉, 뉴스보도·기사는 ' '로 구분했다.

3 본문의 이해를 돕기 위해 저자가 추가한 내용은 각주로 표기했으며, 본문에서 직접 인용한 문헌의 서지정보는 미주로 표기했다.

4 본문에 실린 표와 그림은 기존 자료를 인용한 경우 재가공해 수록했으며, 기존 자료의 정보는 〈표·그림 출처〉에서 확인할 수 있다. 출처 표시가 없는 표·그림은 저자가 직접 구성한 것이다.

5 인용문과 인용서의 띄어쓰기가 본서의 띄어쓰기 원칙과 다를 경우 전자의 원칙을 준용했다.

1장

감염병으로
들춰진
한국 의료의
민낯

1 K-방역, 결코 보건의료체계 덕분이 아니었다

코로나19는 이제 범유행pandemic을 지나 감기 같은 풍토병endemic이 되었을까? 이 질문에 대해 명확한 답을 내놓을 수 있는 전문가는 아직 없다. 다만 코로나19 이후 4년간 광범위한 지역으로 감염이 확산하면서 수많은 사람이 감염과 치유를 거듭했다. 또한 이로부터 인구집단의 면역 수준이 상당히 높아졌고, 빠른 속도로 백신 양산에도 성공했다. 그 결과 치명률은 2020년 초기에 비해 크게 떨어졌다. 물론 변이 바이러스의 발생과 백신 효과가 감쇄할 가능성 등은 상시 변수로 존재한다. 치명률이 떨어지고 백신이 있다고는 하지만, 지금까지 고령층에서는 코로나19가 독감보다 치명적이다. 치명률이 여전히 상대적으로 높다는 것은 고위험군 관리 차원에서 필요한 보건의료 부문의 조치를 모두 해제해서는 안 된다는 점을 시사한다.*

하지만 더 중요한 문제는 코로나19라는 특정 바이러스가 아니라 코로나19 범유행을 발생시킨 여러 필연적인 요소들이다. 이는 총체적인 보건위기, 생태위기, 체제위기에서 비롯되었다. 따라서 반성 없는 현재 상황은 또 다른 신종감염병에 노출될 가능성을 높이고 있다. 무분별한 환경훼손, 기업형 농업, 기후위기, 도시화, 백신 특허의 상업화, 노동환경 개선의 실패, 불평등한 보건의료제도 등 일일이 거론할 수 없을 만큼 수많은 쟁점이 신종감염병의 원인으로 거론되고 있다. 이미 2023년 초 중국[6]과 캄보디아[7]에서는 조류독감으로 사람이 사망하는 일이 발생했고, 미국과 일본은 유례없는 조류독감 사태[8]를 맞이했다. 돼지 인플루엔자 바이러스$_{H1N2}$의 인간 감염 사례도 영국에서 최초로 WHO에 보고되었다.[9]

사스, 신종플루, 메르스

코로나19 이전에 발생했던 여러 신종감염병을 살펴보면 이번 코로나19 범유행도 우연이 아니라는 것이 확실해 보인다. 2003년 유

---

*　일반적으로 '보건의료'는 의료보다 좀 더 넓은 의미로 쓰인다. 의료는 흔히 병원, 의원, 의사를 비롯한 의료 전문직, 의학 등과 연관되고, 건강을 회복하고 유지하려는 인간 활동은 이런 의미의 '의료'보다 훨씬 더 범위가 넓고 종류도 다양하다. 이 책에서 사용하는 '보건의료' 개념은 의료의 범위를 넘어 이런 넓고 다양한 사회적 활동을 모두 포괄한다. 김창엽, 「공공보건의료와 건강 정의」, 《황해문화》 겨울 호, 2020, 63쪽 참조.

행했던 사스SARS**의 경우 당시 홍콩을 중심으로 한 동아시아에서 8500명 정도의 추정 환자가 발생했고, 812명이 사망하며 유행은 일단락되었다. 한국에서는 당시 3명의 추정 환자만 발생하고 지역 확산은 없었지만, 음압병실조차 제대로 없어서 지역 공공병원에 임시 격리병실을 만들고 이들을 치료했다. 특히 중합효소연쇄반응검사PCR의 신뢰성도 확보되지 못해 3명의 추정 환자 모두 검사상 음성으로 결론이 났다.*** 다시 말해 추정 환자 3명을 치료하는 데에도 한국의 의료체계는 버거웠다. 이런 상황을 거친 후 5년이 지나 직면한 상황이 '신종플루'의 확산이었다.

신종플루****는 인플루엔자 바이러스로, WHO에서 범유행으로 선언한 바 있는 신종감염병이었다. 2009년 5월 멕시코에서 사망자가 150명을 돌파하며 빠른 속도로 전파되기 시작했고, 한국에서는 9월부터 환자가 늘기 시작해 이후 1년간 70만 명 정도가 감염된 것으로 보고되었다. 다만 생각보다 치명률이 높지 않아서 코로나19와 같은 대응체계는 가동되지 않았다. 문제는 이런 신종감염병에 대한

** 사스는 코로나바이러스 변이로, 정식 명칭은 SARS coronavirus(중증급성호흡기증후군 코로나바이러스)다.

*** 사스는 발병 초기 배출되는 바이러스의 양이 적어 진단이 어렵다. PCR, 바이러스 분리, 항체검사 등으로 바이러스의 유무를 직간접적으로 밝혀내고 있으나, 당시 진단검사기술로는 어려움이 있었을 것으로 전문가들은 판단한다.

**** 신종플루의 영문명은 'swine flu(돼지독감)'인데, 초기에 돼지로부터 변이 인플루엔자가 전파되었을 것으로 여겨져 그렇게 명명되었다. 하지만 이후 그 원인이 불분명한 것으로 밝혀지면서 특정 동물이나 지역명으로 신종감염병을 지칭하는 문제가 논쟁거리가 되었다.

국내 치료제의 보유 필요성이 2007년부터 제기되었지만 제대로 실행되지 못했다는 점에 있었다. 당시 일부 민간병원이 이들 감염환자의 진료를 거부[10]하는 등 감염병에 대한 국가 차원의 사회적 대비는 엉망이었다. 멕시코 등 초기 확산지역보다 약화된 신종플루가 뒤늦게 국내에 전파된 것이 다행인 셈이었다.

홍콩, 대만을 두려움에 떨게 한 사스나 북미지역을 두려움에 떨게 한 신종플루가 한국에서는 낮은 치명률을 기록하며 큰 문제 없이 기존 의료체계로 대처한 듯 보이자, 한국 사회는 그간의 의료공급구조에 어떤 변화도 주지 않았고, 부족한 공적 의료공급은 그대로 계속 방치했다. 도리어 사스가 지나간 뒤 노무현 정부는 의료산업선진화위원회를 가동해 보건의료 부문의 산업화를 촉진했고, 이명박 정부는 신종플루 확산세가 꺾이자 영리병원 건립, 건강관리서비스산업 육성, 원격의료 지원 등을 비롯한 각종 의료민영화 정책을 쏟아냈다. 사스나 신종플루 같은 신종감염병에 대한 대응체계나 대책을 갖추기는커녕, 기존의 영리적인 의료체계가 아무 문제 없다는 듯 한층 더 영리적인 의료공급구조를 강화했다. 그 결과 건강보험 보장률은 재정 확대에도 불구하고 OECD 기준 25여 년간 거의 최하위 수준에 머물렀고, 지역의료체계는 점점 부실화됐다. 이런 안이함의 결과, 2015년 높은 치명률의 신종감염병 메르스가 한국을 덮쳤을 때 공공의료의 취약함이 다시 한번 만천하에 드러났다.

2015년 여름, 한국을 강타한 메르스[*****]의 '공포'는 심각했다. 메르스는 매우 밀접한 곳에서만 비말로 감염되는 호흡기질환이어서 초기 확진자만 격리되면 전파되는 지역은 매우 적었다. 발생지역인 사우디아라비아를 위시한 중동지역을 제외하면 확진자가 많지 않았던 이유가 여기에 있었다. 하지만 한국에서는 한 확진자가 치료받은 병원(평택)으로부터 이 바이러스가 전국으로 퍼져 나갔다. 평택에서 출발한 환자 1명이 삼성서울병원 응급실을 방문해 치료받으면서 2000병상의 삼성서울병원 내에도 수많은 확진자가 양산되었다. 메르스 확진자가 늘어나자 감염자를 치료할 격리병실, 음압병실이 대형 민간병원에도 거의 없다는 사실이 또다시 밝혀졌다. 삼성서울병원의 확진자들도 대부분 공공병원으로 이송되어 치료를 받았다.

모든 감염경로가 병원 내에서 발생한 점도 충격이었다. 한국에서는 유명한 대형병원조차 병원 내 감염관리가 전혀 되고 있지 않다는 방증이었다. 병원 감염관리체계를 붕괴시킬 수 있는 간병, 문병 같은 비정상적인 K-의료문화가 병원 내 인력 부족 문제 때문에 방치되었고, 병원은 주차장이나 식음료업 임대 같은 수익이 되는 부대사업에 집중하면서 이를 보완하지 않았다. 결국 감염에 취약한 그간의 병원 감염관리체계 전반이 도마 위에 올랐다. 무엇보다 삼성서울병원은 병원 내 감염관리에 실패해서 병상을 모두 비우고 병

***** 메르스는 'Middle East Respiratory Syndrome(중동호흡기증후군)'의 앞 글자를 따서 부르는 이름으로, 말 그대로 중동지역에서만 유행했던 바이러스질환이다.

원을 폐쇄하기에 이른다. 그간 한국 의료체계가 자랑하던 거대 대형병원의 붕괴를 목도한 사건이었다.

　그런데 지금 보면 더욱 한심한 것은 메르스 확산 당시 거의 확정시되던 국가감염병전문병원이나 지역거점 종합병원 중심의 공공의료체계 강화 방안이 메르스 사태가 수습되고 난 후 1년이 지나자 모두 공수표로 돌아갔다는 사실이다. 메르스 이후 실제 늘어난 공공병원이나 감염병전문병원은 없었다. 3년이 지나 일부 지역에서 감염병전문센터를 두 대학병원에서 유치하는 것이 전부였다. 메르스환자를 주로 진료했던 국립중앙의료원과 서울의료원 등 공공의료기관에 대한 지원도 미비했다. 매년 재정 당국과 정치권에서는 이들 공공병원에 지원하는 예산을 우선적으로 삭감하기에 바빴다. 권역 공공의료기관 설립을 추진했던 지자체도 경제성 평가가 주가 되는 예비타당성 조사의 높은 벽을 넘지 못했다. 다시 각종 의료민영화 정책이 쏟아졌고, 의료상품화는 가속화되었다.

코로나19 범유행

여러 차례의 감염병 확대 사태 속에서도 대응체계를 거의 갖추지 못한 한국은 2020년 '코로나19 범유행' 사태의 직격탄을 맞았다. 당연히 준비 부족으로 인해 우왕좌왕할 수밖에 없었다. 대표적으로 대구에서 코로나19 확진자가 다수 발생하자, 병원 이전을 위해 병상을 거의 비워뒀던 구 대구동산병원 공간을 추가로 활용했고, 인력 부족은 전국적인 자원봉사 의료진과 지원인력으로 메꿨다. 지금도 칭송받는 대구의 초기 코로나 대응을 과연 성공사례로 볼 수 있는지는 의문이다. 수많은 의료진과 보건행정요원들의 헌신이 있었던 것은 사실이지만, 이미 당시 치료장비 및 중환자실 부족이 주요 언론에 폭로된 바 있다.[*] 이런 상황에서도 나름대로 코로나19에 대해 한국이 선방한 것으로 평가받은 이유는 보건의료체계 덕분은 아니었다.

우연찮게 한국은 메르스를 겪었던 여파로 증폭검사시설과 집단검사능력이 확대되어 있었고, 그 결과 검사 속도가 빠르고 정확도가 높았다. 메르스 유행 시기 검채검사키트와 관련된 산업계에 투자가 이루어지면서 체외진단기기산업이 일부 영역에서 팽창해 있었는데, 그 덕에 간이검사키트도 빨리 개발될 수 있었다. 게다가 메르스 시기 감염관리체계로부터 교훈을 얻어 정부 행정조직의 신속한 강화와 빠른 정보 전달,[**] 그리고 조기 차단을 위한 행정 지원이

[*] 상급종합 및 종합병원의 1등급 중환자실이 대구·경북 지역에는 5개밖에 없다(2017년 2차 중환자실 적정성 평가). 1등급 중환자실이 전국에 64개인데, 서울·경기에 39개가 쏠려 있다. 그런 상태에서 특정 지역의 코로나19 중환자가 폭발적으로 증가했고, 기존 중환자 병상이 포화상태가 될 수밖에 없었다. 이런 상태를 단적으로 보여주는 지표가 초기 대구 지역 중환자 80여 명이 다른 지역으로 이송되었다는 사실이다. 상당한 어려움이 있었을 것이다. 《시사IN》, '컨트롤타워 구축해 의료자원 동원해야', 2020년 4월 28일 기사 참조.

일사천리로 이루어졌다. 이를 통해 조기에 검사하고 조기에 차단하는 방식으로 코로나 발병률을 여타 선진국들에 비해 획기적으로 줄일 수 있었다.*** 국가 중심의 방역체계가 나름 잘 작동한 결과였다.

이를 두고 공공의료나 의료체계의 승리라고 주장하는 사람들이 있었는데, 개인의 인권이나 공동체의 민주적 결정을 무시하는 고강도 행정체계의 승리를 보건의료체계의 성과로 포장하는 것은 곤란하다. 실제 상황을 들여다봐도 2020년부터 2021년까지 나름 선방하던 방역체계가 코로나19 변이 바이러스의 폭발적 창궐 시기에는 별 도움이 되지 못했다. 2년 정도 방역체계를 통해 백신접종 등의 시간을 번 것은 분명 중요한 성과였지만, 결국 2022년 초반 발생했던 수천만 명의 환자 대부분을 제대로 치료하지도 못한 것은 메르스 확산 때와 비슷한 의료체계의 부실 때문이었다. 만약 백신이 제때 보급되지 않았다면, 2022년 초 한국이 어땠을지는 상상만 해도 끔찍하다.

** 메르스 유행 당시 감염이 확산되는 병원을 미공개해 대응에 차질이 생겼다는 여러 평가 때문에 코로나 확산 시기에는 개인정보를 마구 공개하는 수준까지 정보공개 수준이 올라갔다.

*** 2020년 코로나가 확산되기 시작한 첫해, 한국은 주요 국가와 비교했을 때 인구 대비 가장 낮은 확진자 비율을 유지했다. 해외에서는 이에 대해 3T(검사Test, 추적Trace, 치료Treat)에 기반한 K-방역의 성공사례라고 칭송하기까지 했다.

코로나19에 대한 다른 경험과 유보된 평가,
그리고 잊힌 사람들

한국에서는 코로나19와 관련된 평가가 어떤 경험을 했는지에 따라 매우 다르다. 코로나19에 감염되었던 사람들도 시기에 따라 치료 방법이 달랐다. 초기에는 경증임에도 강력한 격리를 경험했거나 격리입원치료를 받은 후 살던 집에 격리된 경우가 다수였고, 전화 상담 등으로 약을 처방받으며 버텼다. 코로나19의 병리적 특징으로 노인들의 치명률이 현저히 높았는데, 초기에는 가족 면회도 없이 화장터로 즉각 옮겨져 제대로 장례식도 치르지 못한 경우가 다반사였다. 어떤 환자들은 공공병원에 격리입원했다가도 중환자 치료능력이 부족한 공공의료체계 때문에 결국은 대형병원으로 전원된 경우도 있었다.

결국 우리의 경험에는 제대로 된 공공의료체계가 있다는 인식보다는 그때그때 다른 의료체계가 있다는 인식만이 남게 되었다. 코로나에 걸려 격리만 된 사람, 병원에서 사망한 가족이 있는 사람, 집에 갇혀 스마트폰만 본 사람들의 경험이 모두 달랐고, 이런 과정에서 어떤 미래지향적인 대안을 마련하는 일은 벌어지지 않았다. 문제는 지금도 코로나19에 대해서 제대로 평가하고 대응체계를 점검하지 않고 있다는 것이다. 의료인들도 의료 현장마다 얼마나 심각했는지에 대해서 각각의 경험이 달라 심각함을 체감하는 정도가 다르다. 코로나19 진료의 최전선인 공공병원과 중환자실에서 환자를 본 의료진은 너무나 힘들고 어려운 시기를 보냈지만, 선별진료 등 일반인 및 경증질환자를 맡았던 의료진은 마스크를 쓰고 진료했던 경험만 남았다. 대형병원에서도 감염내과 전문의는 주로 코로나 환자를 진료하고, 다른 진료과는 예외적인 상황에 대응했던 서로 다른 경험이 공존한다.

거꾸로 방역에 기반해 코로나19 대응을 잘했다는 언론 보도나 행정 당국의 자화자찬식 단순 평가는 실제 감염병에 대응하는 공공의료의 기능을 평가하고 대안을 마련하려는 시도를 원천 봉쇄 했다. 공공의료체계와 관련된 논의는 계속 미루어지거나 부차적으로 다루어졌다.

그런데 2020년 하반기 코로나19가 또다시 확산세를 보이자, 정부는 모든 공공병원을 코로나19 전담병원으로 동원했다. 이미 상당수 공공병원이 전담병원이 되면서 지역별로 남아 있는 한두 개의 공공병원만이 일상 진료 기능을 하고 있던 터였다. 한국의 미약한 공공의료기관은 평상시 취약계층 진료를 주로 담당하고 있었다. 저소득층, 장애인, 노숙인, HIV 감염인, 미등록 이주민, 다제내성 결핵환자 등이 그들이다. 치료받던 병원이 하나둘씩 전담병원으로 전환되면서 그들은 치료받던 공공병원을 나와야 했고, 이후 어떻게 치료받았는지 아직 확인조차 되지 못하고 있다.*

서울에서도 2020년 10월이 되자 그나마 거의 마지막까지 취약계층 진료를 전담하던 동부시립병원과 서울적십자병원마저 코로나19 전담병원으로 동원되어 노숙인 진료를 하는 병원이 없어진 셈(의원들만 일부 존재)이 되었다. 이렇게 코로나19 치료체계를 공공의료가 모두 짊어졌지만, 막상 공공의료기관의 기존 치료능력을 소멸시킨 대가는 컸다. 그동안 우리 눈 밖에서 보이지 않던 취약계층의 건강상태가 심각하게 나빠진 것이다. 생계나 건강, 여타 이유로 코로나19 시기를 벗어나 마스크를 벗고 일상생활로 복귀하려는 대중적 열망도 물론 중요하다. 그러나 이 시기에 공공병원을 이용할 수 없어서 기본적인 삶의 조건이 더욱 열악해진 취약계층에 대한 조사까지 잊어서는 안 될 것이다.

취약계층 문제 외에도 공공병원의 회복기 지원 역시 해결되어야 할 문제다. 코로나19가 지나가고 감염병 위기가 극복되었다고 주장하는 현재도 정부는 제대로 된 해결책을 제시하지 않고 있다. 2023년만 해도 공공의료기관은 회복기 지원금을 요구하며 병원장과 노동조합이 함께 여러 번 기자회견을 했다. 보건의료직군 최대 산별노조인 보건의료노조는 2023년 12월 국회 앞에서 위원장과 공공병원 지부장들이 모여 20여 일간 단식농성을 하면서 공공병원에 대한 예산 지원을 요구하기까지 했다. 그 결과 요구액의 절반 정도가 예산에 편성되었지만, 현재도 공공병원의 병상 충원율은 2019년

---

* 한국은 일차의료체계가 없는 국가로, 주치의제나 환자등록제 등이 없어 환자가 이후 어떻게 진료받고 예후와 관리는 어떻게 되고 있는지 본인 외에는 아무도 모른다.

의 절반 수준에 머물러 있어 예산 지원금이 턱없이 부족하다.

공공병원이 코로나 이후 맞닥뜨린 현실은 다시 돌아오지 않는 환자들로 인한 누적 적자였다. 기존 진료 대상인 취약계층과 지역주민들을 내보내고 코로나19 전담 진료만 한 결과였다. 이 누적 적자에 대해 정부는 긴축재정 기조를 내세우며 나 몰라라 하고 있다. 그저 이들 공공병원은 그때그때 필요한 사업에 끌려다니다가 스스로 자력갱생하지 못하면 천덕꾸러기로 취급받는 한국 보건의료체계의 '잉여병원'에 지나지 않는다. 이들 잉여병원과 이 잉여병원이 수행하는 의료가 지난 수십 년간 크나큰 사건 때마다 그 중심에 있었지만, 위기가 지나면 토사구팽 식으로 홀대받고 내팽개쳐진다. 문제는 앞서 이야기했지만, 신종감염병이 주기적으로 돌아오는 감염병 시대에 우리는 환자도, 의료진도, 병원도 모두 시장자유주의에 맡겨두고 아무것도 하지 않는다는 것이다. 닥치면 어떻게 될 것으로 생각하는 수준이 현재 한국 의료의 대응방식이라면 방식이기 때문이다.

2 돈벌이 수단이 된 의료재난, 팔짱 낀 국가

원격의료업체의 행태

물론 이런 각종 의료재난 속에서도 돈벌이에 눈이 멀어 앞뒤 안 가리고 뛰어드는 사람들과 세력이 있었다. 자본은 '재난 자본주의' 성격을 보이며 이 재앙을 기회로 만들려고 했다. 소위 비대면산업이 대표적인데, 보건의료 부문에서는 그간 한국 대기업의 소망이었던 원격의료[11]가 '한시적'으로 도입되었다.* 원격의료는 영리성에 대한 그간의 비판 때문에 그 이름을 '비대면진료'로 바꿨고, 코로나로 인한 거리두기로 인해 통원치료가 어려워진 만성질환자들을 중심으로 확산되었다.

---

* 윤석열 정부는 결국 2023년 7월 법률적 개선 없이 '시범사업' 명목으로 전면적인 원격의료를 시행하고 있다.

정부 발표에 따르면, 2020년 2월 24일 허용된 '한시적 비대면진료'는 2022년 말까지 총 진료 건수 3661만 건으로 진료비는 총 1조 5893억 원이 발생했다. 눈여겨볼 부분은 높은 방역 수준을 유지했던 2020년과 2021년에 총 비대면 진료비는 1314억 원이었으나, 방역이 완화된 2022년 한 해에만 11배 이상 증가한 1조 4529억 원의 진료비가 지출된 점이다.[12] 이는 비대면진료가 단순히 방역으로 인해 이동이 어려운 환자들을 위해 증가한 것이 아니라 자본이 투입되면서 편의성과 접근성이 향상해 폭발적으로 증가한 것임을 나타낸다.

코로나19 범유행 시기 본격화된 원격의료 도입은 물론 한국만의 일은 아니다. 국제적으로도 원격의료 사업에 막대한 금액이 투입되고 있다. 그 결과 캐나다에서는 의료 접근성 문제를 해결하기 위해 도입된 원격의료로 인해 고위험군과 경증환자의 구분이 명확해지면서 의료진이 경증환자 진료에 쏠리는 현상이 부추겨졌고, 그 결과 도리어 응급실 대기 및 지역 의사 부족 문제가 심화하고 말았다. 국가보건서비스National Health Service, NHS를 시행하는 영국에서도 코로나19 범유행 시기 '바빌론'이라는 원격의료 플랫폼이 서비스를 시작했다. 그런데 바빌론을 이용하는 신규환자의 87%가 20~39세로, 사실상 의료서비스를 거의 받지 않아도 되는 청년층만을 고객으로 삼았다는 사실이 드러났다. 그 결과 질환 유병률이 훨씬 높은 고령층과 중환자 진료는 지역 공공의료체계가 감당하게 되었고, 정부도 재정 효율화를 목적으로 국영의료체계에 대한 재정 축소를 일부 단행했다. 원격의료 플랫폼 서비스가 영국의 국가보건서비스를 위협하는 한 요소로 지목되고 있다. 한국은 캐나다와 영국 정도 수준의 건강보장제도를 갖추지 못했고 공공의료공급도 없는 나라다.* 따라서 향후 원격의료가 전면 도입되면 더 큰 부작용이 발생할 것으로 예상된다. 그런데 코로나19 범유행 시기 몇몇 플랫폼이 도입되어 의료시장에서 주도적인 역할을 하기 시작했다.[13]

코로나19 범유행 시기 가장 많은 제휴 의료기관을 보유한 '닥터나우' 앱의 경우 특정 의약품을 쉽게 처방받을 수 있는 여드름약을 광고해 약물 쇼핑을 부추겼다. 여드름약은 비급여약물이어서 사실상 통제가 쉽지 않았고, 이 앱을 통해 의원 한 곳이 전국 여드름치료제의 97%를 처방하고 국민건강보험에 3억 원을 부당 청구한 사실이 드러나기도 했다. 2022년 국정감사에서 드러난 사실들만 봐도 닥터나우는 전문의약품을 SNS에 광고한 바 있었으며, 특정 제약사와 이면에서 편법 계약을 맺은 것이 아닌지 의심을 받기도 했다. 그런데 문제는 이런 기업이 의료체계에 들어와서 벌이는 과잉진료와 탈법행위에만 있는 것이 아니었다. 코로나19 범유행 시기에 비대면진료는 전화 상담료라는 명목으로 그동안의 진찰료의 30%에 해당하는 금액을 더 부과했다. 즉 플랫폼을 활용해 진행된 비대면진료

---

* 한국은 기관 수로는 5%, 병상 수로는 9% 수준만이 공공의료기관으로, 전 세계에서 가장 민간의료공급이 높은 나라다.

는 대면진료보다 30%가 비쌌고, 이것이야말로 건강보험 재정의 비효율적인 운영이었다.

사실 미국이나 대부분의 나라들은 의사를 만나기 위한 대기기간이 짧고 비용도 적게 든다는 이유로 원격진료를 도입하려 하지만, 한국은 이미 접근성 문제보다는 편의성이 더 중요한 지표가 되면서 기업들의 중개료나 병의원 장비 구축에 든 비용까지 가산해 건강보험에 책정하는 꼴이 되고 말았다. 즉 비용 측면에서 역행하고 있는 것이다. 이런 자본 친화적이고 비효율적인 서비스를 최근에는 아예 전면 허용했는데, 명목상 이유는 2024년 2월 발생한 전공의들의 집단파업으로 인한 의료공백이었다. 문제는 전공의들의 집단파업으로 인해 발생한 의료공백은 대부분 응급 및 중환자의 진료·수술 등과 관련되어 있는데, 이를 원격진료로 해결한다는 발상에 있다.

게다가 원격진료를 통해 경증환자에 대한 의사 수요를 줄여 응급 및 중환자의 진료·수술 등과 관련된 의료활동에 자원을 배분하겠다는 의도라면, 왜 의사 수를 늘려야 하는지에 대한 정부 측의 논리도 붕괴된다. 원격의료 확대로 줄어들 일차의료자원을 '필수의료'로 전환하면 되는 문제가 아닌가? 의료의 공공성을 배제하고 땜질식 돈벌이 의료만 팽창시키려다 보니 의사 증원을 위한 논리도 결국 자가당착에 빠지고 말았다.

민간보험 돈벌이를 위한 건강관리서비스

원격진료는 사실상 응급 및 중환자 진료, 감염병 대응과는 하등의 관련이 없다. 어찌 보면 비응급질환의 상업적 이용을 촉진하는 매개체만 될 뿐이다. 탈모, 여드름, 발기부전치료제 같은 약물 처방과 약 배송이 핵심 서비스가 된다는 점에서 볼 때, 이들 기업이 의료체계에 미칠 영향은 부정적이다. 가뜩이나 한국은 '필수의료' 결손[14]이 사회적 문제인 국가다. 게다가 원격의료는 기업의 의료시장 진출을 부추기는 매개체가 될 수밖에 없는데, 윤석열 정부는 한술 더 떠 2022년 10월 '건강관리서비스 인증제'를 통해 기업이 건강관리 사업에 참여할 수 있도록 허용했다.

흔히 '건강관리서비스'라고 하면 뭔가 좋은 사업이라는 인식을 가질 수 있으나, 애초에 한국은 〈국민건강보험법〉 등을 통해 건강증진과 예방 등은 건강보험을 통해 하게 되어 있다. 실제로 유럽이나 일본 같은 대부분의 선진국은 주치의제도나 환자등록제 등으로 건강관리를 공공의료체계 내에서 수행한다. 한국은 민간의료공급이 압도적 다수이고, 그간 예방이나 건강관리라고 하면 건강보험이 제공하는 '국민건강보험검진'이 고작이었다. 따라서 대다수 시민은 건강관리를 별도로 받는 것이 더 낫다고 생각하게 되었다. 하지만 이는 망가졌으니 더 망가져도 된다는 주장일 뿐이다. 윤석열 정부와 기업들이 말하는 건강관리서비스는 사실상 일차진료 부문에 기업이 진출하겠다는 의도, 그 이상도 그 이하도 아니다.

예를 들어 2022년 10월 윤석열 정부가 '인증'*한 만성질환관리군 건강관리서비스업체 5곳을 보면, 실제 연계된 기업들이 삼성화재, 삼성생명, 가톨릭대학병원, 강남세브란스병원, 차병원이다. 즉 보험 회사와 대형병원이 이들 사업에 진출해 일차의료 영역을 자신들의 사업과 연계하겠다는 의도가 크다. 더군다나 앞서 설명한 원격진료 앱들로 이미 일차진료 영역에 대한 기업의 영리적 접근이 시작된 만큼, 건강관리서비스 사업의 승인은 사실상 일차진료 영역 전반의 민영화와 다르지 않다.

한국은 코로나19 범유행 시기에도 주치의를 통해 환자의 건강상 태를 관리하지 않고 임의적인 배정방식과 일회적인 환자-의사 관 계를 강화해 왔다. 이는 유럽 국가나 하다못해 일본에서 시행한 지 역사회 확진자 관리방식과도 현저히 다르다. 환자의 병력과 가족 력, 앓고 있는 만성질환 등을 충분히 체크할 수 있는 주치의제도(환 자등록제) 혹은 최소한의 지역사회에 기반한 의료전달체계가 감염병 이 창궐하는 시기 감염병 관리에 유리할 수밖에 없다. 하지만 코로 나19를 겪으면서 정작 한국 사회가 도달한 지점은 영리적인 원격의 료 앱을 확대하고, 건강관리서비스회사를 인증하는 사업이다. 더 나 아가 2024년 2월부터는 전공의 집단파업으로 발생한 인위적인 재

---

* 윤석열 정부는 2009년, 2010년 입법 사안이었던 건강관리서비스를 2022년 10월부 터 행정부 독단의 '인증서비스'로 개편해 추진하고 있다.

난 상황에도 그 방식을 적용하고 있다. 이런 '재난 자본주의'의 진정한 면모는 앞으로 닥칠 의료재난 시기에 강화되어 일차의료의 영리화를 더욱 부추길 것이다. 차후 부유한 사람들은 이런 기업서비스를 통해 더 나은 의료서비스를 받을 수 있을지 모르지만, 이런 서비스에 가입할 수도 없는 가난한 사람들과 대다수 서민은 일차진료조차 제대로 받지 못해 방치되고 마는 결과가 초래될 것이다.

백신을 둘러싼 문제,

낮은 건강보험 보장성과 국가 책임

백신을 둘러싼 논의도 문제의 본질을 꿰뚫지 못한 것은 매한가지였다. 주요 선진국은 다국적 제약회사가 개발한 고가의 백신을 선주문하거나 확보해 코로나19 대응능력을 극대화했다. 반면 가난한 나라들은 효과가 떨어지고 유통기간도 다 되어가는 백신을 겨우 공급받았다. 그 결과는 시간이 지날수록 자명했다. 주요 선진국들이 백신 효과를 통해 치명률 감소 효과를 보는 시점에 가난한 나라들은 여전히 높은 치명률을 보였고, 백신이 없어 집단감염에 무방비로 노출되는 일이 비일비재했다. 문제는 주요 선진국 가운데 누구도 다국적 제약회사가 특허권을 통해 취하는 막대한 초과수익에 문제를 제기하지 않았다는 점이다. 이는 감염병 대응에 관해 세계적 차원에서 주요 이슈로 다루지 못한 결과이기도 했다. 화이자와 모더나 등의 백신 개발 회사는 코로나19를 통해 천문학적 이익을 거둬들였다. 그리고 이런 제약산업에 투자한 금융자본도 막대한 이익을 거뒀다. 코로나19가 모두에게 재앙이 아니었음을 보여주는 극명한 사례라고 할 수 있다.

더욱이 한국 정부는 국가 재원으로 수행해야 할 백신 접종 및 일부 검사 비용을 국민이 낸 건강보험에 전가했다.* 이는 건강보험 재정에 대한 결정권 및 거버넌스 차원에서 봤을 때 심각한 월권이라고 할 수 있다. 물론 '국가 재정이냐 건강보험 재정이냐' 하는 식의 협소한 구획이 아니라 공적 자원의 활용 측면에서 이 문제를 바라볼 필요가 있다.

국가가 건강보험에 대한 책임을 코로나19 범유행 시기 강화했다면 이런 비용 부담 문제는 충분히 넘어갈 수 있는 일이었다. 하지만 이때 국가는 건강보험에 대한 책임을 외면했다. 2020년부터 2023년까지 건강보험 재정에 대한 법적 국고 지원금은 4년간 매년 1조 원 이상씩 미납되었다. 더 큰 문제는 2022년 말까지 그나마 유지되던 건강보험 재정에 대한 국고 지원 규정이 일몰되었는데도 국회에서 새로운 법안조차 제때 도입하지 않았다는 것이다. 다행히 2023년 초 〈국고지원법안〉 연장이 결정되었지만, 이는 정부가 얼마

---

* 백신은 국가 재정에서 지원되었으나, 접종료 등은 건강보험의 지원을 받았다. 원래 감염병 시기 필수접종은 모든 비용을 국가가 지원하는 것이 원칙이다.

나 건강보험 재정에 대한 국가 책임 부분을 소홀하게 생각하는지 여실히 보여준다. 건강보험에 대한 국가 책임을 방기하고 더 나아가 백신 비용을 건강보험에 전가하는 무책임한 방식은 사실상 건강보험에 대한 긴축정책으로 귀결된다. 백신 비용으로 소모된 재정은 건강보험의 진료 보장성 강화에 쓰이지 못하기 때문이다.

이런 건강보험에 대한 재정 방기 문제는 2022년 12월 윤석열 대통령이 직접 건강보험 보장성 강화를 '포퓰리즘'으로 규정하면서 건강보험의 재정 긴축을 천명한 것[15]에서 분명해졌다. 한국은 OECD 국가 중 가장 건강보험 보장률이 낮은 나라다(50~51쪽 그림1 참고). 이 때문에 역대 모든 정부는 건강보험 보장성을 높이겠다는 공약과 정책*을 발표하거나 수행했지, 축소하겠다고는 말하지 못했다. 그런데 코로나19 범유행 시기를 거치면서 뜬금없이 건강보험 재정이 어려우니 국민의 의료비 지원을 낮추겠다고 선언한 것이다.

한국의 건강보험 재정이 부족한 건 국민이 보험료를 적게 낸 영향만은 아니다. 한국의 보험료가 외국에 비해 낮다는 지표로 자주 인용되는 보험료율은 잘 따져볼 필요가 있다. 가까운 일본의 9.1%에 비해 한국은 아직 7.1% 수준으로 보험요율이 낮은 건 사실이지만, 받는 서비스에 비해서는 보험료가 매우 높다고 봐야 한다. 일본은 입원 시 건강보험 보장성이 92%를 넘지만, 한국은 66% 수준에 불과하다. 약 30%포인트 낮은 보험료율에 비해 보장성은 단순 계산

---

* 　전 박근혜 대통령의 '4대 중증질환 국가보장 100%' 같은 공약이 대표적이다.

으로도 약 50%포인트 정도 한국이 낮다. 게다가 일본은 아파서 일을 못 하면 기존 소득의 60% 이상을 보상하는 '상병수당제도'가 건강보험 재정으로 운영된다. 이렇게 보면 "한국에서는 보험료를 적게 내기 때문에 받는 서비스 수준이 낮다"라는 말은 잘못된 것임을 알 수 있다.

결국 건강보험료 대비 보장성이 낮다는 것은 의료체계의 낭비가 있다는 것을 뜻한다. 대표적인 낭비로 들 수 있는 것은 민간의료기관이 벌이는 비급여진료와 과잉검사, 과잉진단, 과잉처치다. 실제로 이런 낭비를 줄이려면 건강보험 보장성을 높여 건강보험제도 하에서 의료행위가 투명하게 관리될 수 있도록 해야 한다. 윤석열 대통령이 말하듯이 건강보험 보장성을 낮추면 도리어 낭비가 확대되고 재정 대비 효율이 떨어진다. 통제되지 못한 비급여의료시장이 더 큰 문제를 만들어 내기 때문이다.

다른 한편으로 건강보험의 획기적인 재정 확충은 반드시 필요하다. 이 역시 다른 나라에 비해 낮은 국고 지원 비중을 높이고 기업 부담을 늘려 메꿔야 한다. 한국은 기업과 노동자가 일대일로 보험료를 내는 반면, 대부분의 선진국은 많게는 12배에서 적게는 15% 남짓을 기업이 더 부담한다. 중요한 것은 한국의 경우 국고 지원 비중이 전체 건강보험 재정의 11% 수준에 불과하지만, 가까운 일본이나 대만은 모두 30% 이상이라는 점이다. 국영의료체계를 취하는 영국, 스페인, 이탈리아 같은 국가에서는 사실 모든 건강보험 재정이 국가 일반회계에서 나온다. 사회보험제도의 보험료는 대부분 노동 소득에서 발생하지만, 국가 재정은 재산세, 법인세, 소비세 등 부자들이 낸 누진 세금이 더 많이 반영되기 때문에 국고 지원이 높아질수록 건강보험의 제도적 취지가 바로 선다고 볼 수 있다. 특히 고령화가 진행되면 노동 소득은 줄어들고 노동인구가 보험료로 감당할 수 없는 재정적 불균형이 심화된다. 따라서 대부분의 선진국은 이에 대비하기 위해 국고 지원을 늘리고 건강보험료의 대부분을 국가 재정으로 충원하려 하고 있다.

만약 정부가 계속 건강보험에 대한 재정 책임을 방기하고 국민의 직접 의료비 부담을 가중시킨다면, 우리 국민은 건강보험제도가 운영됨에도 불구하고 비상 상황을 대비해 민간의료보험이나 개인저축을 더 들 수밖에 없을 것이다. 이는 결국 민간보험시장의 팽창을 부추기고 민간사업자의 배를 불리는 일이 될 수밖에 없다. 더욱이 다음 감염병 시기에는 코로나19 범유행 시기보다 건강보험 보장성을 획기적으로 높여 제대로 된 감염병 대응체계를 갖춰야 하는데, 이런 민영화 경향 속에서는 제대로 된 대응체계를 구축할 수 없다.

실제로 코로나19 중환자가 다수 발생했던 2021년 말부터 코로나 중환자실의 20일 입원 규정은 심각한 부작용을 불러일으켰다(이후 7일까지 축소되었다). 의학적 필요에 따라 20일 이상 치료가 필요한 사람들과 코로나19 음성이 나온 이후에도 후유증치료가 필요한 사람들은 그 이후부터 비용 때문에 치료받는 것이 위축되었다.[16] 만약 건강보험으로 진료받을 수 있는 때부터라도 일본처럼 보장성이 높았더라면, 환자들의 치료비 부담과 그에 따른 불안감은 많이 줄었을 것이다. 2023년 3월부터는 병상 부족과 낮은 치명률을 근거로 이 기간도 7일로 축소했는데, 이는 높은 초과사망률과도 관련이 있어 추가적인 조사와 연구가 요구된다.

따라서 아무리 백신이 공급되고 확진기간 치료비가 지원된다고 하더라고 제대로 된 감염병 대응을 위해서는 보편적인 건강 보장 수준의 향상, 즉 획기적인 건강보험 보장성의 강화가 필요하다. 질병치료란 감염병 확진에서 음성으로 전환되는 순간 종료되지 않으며, 중환자들은 이후에도 수많은 합병증을 치료하고 재활도 받아야 한다. 그런데 건강보험 보장성이 낮은 상태에서는 이 모든 것이 민간보험에 가입하지 않고서는 감당할 수 없는 의료비 폭탄의 원흉이 된다. 공적 보험의 보장성을 주요 선진국 수준으로 올리는 것은 다음 감염병 시기를 대비할 수 있는 기본적인 의료체계의 토대다. 이런 상식적인 문제에 대해 대통령이 직접 나서 이를 포퓰리즘으로 비난하면서 민간의료보험을 위한 긴축을 선언하는 행태는 3년 동안 지속된 코로나19 범유행으로부터 한국 정치권은 하나도 배운 것이 없다는 것을 보여준다.

끝으로 아프면 소득이 보장되는 상병수당제도에 대해 다시 언급하지 않을 수 없는데, 상병수당이 없는 나라는 전 세계에서 미국과 한국 정도뿐이다. 유럽 국가들이나 일본은 소득보장책인 상병수당이 갖춰져 있어서 코로나 확진자들도 확진기간에 편하게 쉴 수 있었지만, 한국은 유급병가도 없어 코로나 확진기간에 쉰 경제적 타격을 노동자와 자영업자들이 고스란히 받아야 했다. 이 때문에 빠른 상병수당 도입을 전문가들이 주문했으나, 정부는 2022년에야 몇몇 지역에서 시범사업을 시작했다. 이 시범사업 추진 지역도 매우 협소하지만, 상병수당의 일일 지급액도 최저임금의 60% 수준(2024년 7월 기준 4만 7560원)으로 매우 낮다. 이뿐만 아니라 65세 이상 임금 소득자 제외, 건강보험료를 내는 이주민 제외 등 지급 조건도 차별적이다.

2022년부터 시작된 시범사업은 소득 하위 50%로 대상을 한정함으로써 애초 사업 추진 목표였던 '보편적인 서비스를 제공하는 상병수당제도'와는 너무 큰 격차를 보인다. 더구나 상병수당을 받고 싶어도 해고 위협이 두려워 신청하지 못했다는 사람도 나오고 있어서 상병수당 수급으로 인한 해고 금지 조항이 필요한 상황이며, 근본적으로 〈근로기준법〉 같은 법률에 유급병가를 의무화하지 못하면 반쪽짜리 제도가 될 수밖에 없다. 이런 시범사업이라도 하는 것이 어디냐고 항변할 수도 있지만, 아파서 수입이 없어진 이들의 수입공백을 보충한다는 제도적 취지에 비춰 볼 때 지급액이 너무나도 적은 수준이다. 빈자에 대한 시혜적 태도가 반영된 제도라고 볼 수밖에 없다. '이 제도라도 도입하면 얼마나 좋겠는가' 하는 바람을 논의하는 수준이 코로나19 범유행 시기를 거치면서 한국 사회가 이른

의료복지 현실이라는 점을 다시금 강조하고 싶다. 아파서 일하지 못하는데 소득조차 보장되지 않는다면 공적 보험과 국가는 왜 존재하는 것일까? 하루 4만 7560원이라도 받으면서 쉬는 것을 감지덕지해야 하는 나라에서 어떤 감염병 대응체계가 지속 가능할지 반문해 본다. '아프면 쉴 수 있는 권리'는 특권이 아니라 모든 사람에게 필요한 당연한 권리다.

전체		병원(입원)		외래	
OECD 32	76	OECD 32	90	OECD 32	79
체코	86	체코	97	체코	91
룩셈부르크	86	룩셈부르크	94	룩셈부르크	89
스웨덴	86	스웨덴	99	스웨덴	90
노르웨이	86	노르웨이	99	노르웨이	86
크로아티아	86	크로아티아	93	크로아티아	86
독일	85	독일	97	독일	90
덴마크	85	덴마크	92	덴마크	92
네덜란드	85	네덜란드	92	네덜란드	87
일본	85	일본	92	일본	85
프랑스	85	프랑스	96	프랑스	85
아이슬란드	84	아이슬란드	99	아이슬란드	83
영국	83	영국	95	영국	91
핀란드	80	핀란드	96	핀란드	86
슬로바키아	80	슬로바키아	87	슬로바키아	97
오스트리아	78	오스트리아	89	오스트리아	83
루마니아	78	루마니아	99	루마니아	75
벨기에	78	벨기에	80	벨기에	69
아일랜드	77	아일랜드	79	아일랜드	76
에스토니아	76	에스토니아	99	에스토니아	82
이탈리아	75	이탈리아	97	이탈리아	61
슬로베니아	74	슬로베니아	89	슬로베니아	77
캐나다	73	캐나다	92	캐나다	83
폴란드	72	폴란드	94	폴란드	71
헝가리	72	헝가리	93	헝가리	66
호주	72	호주	63	호주	87
스페인	72	스페인	88	스페인	73
라트비아	69	라트비아	92	라트비아	72
리투아니아	69	리투아니아	93	리투아니아	69
이스라엘	68	이스라엘	98	이스라엘	74
스위스	68	스위스	83	스위스	67
불가리아	65	불가리아	92	불가리아	61
포르투갈	63	포르투갈	80	포르투갈	59
칠레	63	칠레	94	칠레	83
한국	62	한국	68	한국	57
그리스	62	그리스	66	그리스	65
브라질	41	브라질	47	브라질	58

그림1 OECD 회원국 의료 보장률 비교(2021년 또는 최근 년도, 단위: %)
* 의료 유형별 총의료비 지출 중 정부 및 의무보험(사회보험 등) 지출 비중

치과		약제	
OECD 32	32	OECD 32	56
체코	42	체코	56
룩셈부르크	46	룩셈부르크	72
스웨덴	43	스웨덴	55
노르웨이	30	노르웨이	52
크로아티아	55	크로아티아	80
독일	67	독일	82
덴마크	35	덴마크	42
네덜란드	12	네덜란드	68
일본	80	일본	72
프랑스	69	프랑스	83
아이슬란드	31	아이슬란드	40
영국	41	영국	66
핀란드	34	핀란드	59
슬로바키아	46	슬로바키아	68
오스트리아	47	오스트리아	67
루마니아	5	루마니아	45
벨기에	35	벨기에	66
아일랜드	N/A	아일랜드	82
에스토니아	29	에스토니아	57
이탈리아	N/A	이탈리아	63
슬로베니아	44	슬로베니아	52
캐나다	5	캐나다	38
폴란드	27	폴란드	36
헝가리	34	헝가리	46
호주	14	호주	51
스페인	2	스페인	68
라트비아	13	라트비아	40
리투아니아	13	리투아니아	48
이스라엘	2	이스라엘	40
스위스	6	스위스	59
불가리아	55	불가리아	24
포르투갈	N/A	포르투갈	54
칠레	N/A	칠레	20
한국	36	한국	49
그리스	0	그리스	51
브라질	33	브라질	9

알고 싶어요   혼합진료 금지는 왜 필요한 건가요?

혼합진료란 급여(보험)진료와 비급여(비보험)진료를 섞어서 한 번에 제공하는 것을 말합니다. 한국에서는 보험 적용이 되는 급여 항목이 매우 제한적이어서 비급여진료를 혼합해서 제공하면서 일반화된 진료 형태입니다. 실제 정부도 이 혼합진료로 인해 발생하는 건강보험의 재정 악화와 빠른 진료비 상승 같은 문제점들에 대응하기 위해 도수치료나 백내장치료 시의 비급여 렌즈 시술 등 일부 영역에서부터 혼합진료를 금지하기로 했습니다. 하지만 혼합진료로 인해 발생하는 문제는 여전히 심각합니다. 비급여진료를 급여진료에 혼합하게 되면 의료공급자는 통제되는 급여진료보다는 임의로 섞을 수 있는 비급여진료에 더 집중하게 됩니다. 이러한 이유로 사회보험제도나 국영의료로 공공의료보장 체계를 운영하는 사회에서는 급여진료만 제공하는 것을 원칙으로 하고 있습니다. 만약 선택 영역인 비급여진료를 하게 되면, 환자가 급여진료도 받지 못하게 합니다.

혼합진료 금지를 언급하면 당장 수면내시경 시 수면유도제, 분만 시 진통제 등과 같은 비급여진료를 못 받게 되는 것이 아니냐고 많이 물어보십니다. 실제 한국은 건강보험 보장성이 낮아서 꼭 보장되어야 할 의료행위가 비급여진료로 빠져 있는 경우가 많아 이런 우려를 표하는 경우도 많습니다. 그러나 혼합진료 금지를 실제 실행하기 위해서는 우선 대부분 의료행위의 급여화를 실시해야 합니다. 또한 희귀난치성 질환자 등이 사용하는 고액 비급여약제는 사전 승인으로 같이 쓸 수 있도록 허가하는 '비급여진료 혼용을 허용하는 예외 적용 제도'를 두는 것도 필요합니다. 혼합진료 금지에서 가장 중요한 것은 원칙적으로 급여진료와 비급여진료의 병용을 금지하는 사회적 합의와 원칙일 것입니다.

이를 통해 국민은 더 큰 이익을 볼 수 있습니다. 우선 환자는 실질적 선택권을 보장받게 됩니다. 혼합진료가 용인되면 환자는 비급여진료에 대한 선택권이 없어집니다. 즉 비급여 의료행위는 전적으로 의료제공자에 의해 결정되므로 같은 질환이라도 병의원마다 진료비나 쓰는 약제가 무한대로 달라질 수 있습니다. 그런데 혼합진료가 금지되면 환자는 급여진료만 받을 것인지 아니면 비급여진료만 받을 것인지에 대한 실질적 선택이 가능해집니다. 두 번째로 의료공급자들은 돈 벌 궁리로 비급여진료를 하기보다는 필요한 모든 의료행위를 급여진료 항목에 넣기 위해 노력할 것입니다. 급여진료를 강화하는 의사와 돈을 벌기 위해 비급여진료만 하는 의사가 실질적으로 분리되는 것이지요. 이는 굳이 친분 있는 의사를 찾아가지 않아도 되게끔 하는 토대가 됩니다.

이미 혼합진료를 금지하고 있는 일본에서는 전국보험의단체연합회(보험의사단체)*가 다음과 같이 경고한 바 있습니다.

"혼합진료를 추진하려는 사람들의 진짜 목적은 결코 환자의 선택지를 넓히는 것이 아니라 본래 공적 의료보험에 포함되어야 하는 의료 범위를 축소하여 그만큼을 자유진료로 옮겨 확대하려는 것으로, 보험급여의 범위가 계속해서 축소되어 공적 보험에서 필요한 의료까지 받을 수 없게 되는 위험한 상황이 발생할 수 있다. 이는 환자의 선택지를 넓히기는커녕 오히려 현재보다 선택의 폭이 좁아지는 결과를 낳을 것이다."[17]

한국 사회에서 혼합진료가 금지되면 공급자 주도의 비급여진료에 대한 확실한 통제가 이루어져 개인과 사회 차원에서 의료비를 억제하면서 필요한 공공의료에 자원을 집중할 수 있을 것입니다. 혼합진료 금지를 시행해서 얻을 수 있는 효과가 무엇인지 살펴보면 첫째, 진료 제공 형태가 건강보험의 급여진료 중심으로 바뀔 수 있고, 이에 따라 의료비에 대한 가계 부담이 완화될 수 있습니다. 둘째, 의료공급 부분의 통제 효과를 기대할 수 있고, 그 결과 고비용 진료에 대한 적정 비용을 유도할 수 있어 환자 편익이 증대될 수 있

---

* 일본에서는 지역별로 보험을 계약한 의사들이 모인 보험의협회保険医協会를 두고 있으며 심사평가도 진행한다.

습니다. 현재와 같이 혼합진료가 허용된 상황에서는 환자들이 '법정 비급여 본인부담금'과 '비급여 본인부담금'을 모두 부담하는데, 혼합진료가 금지된 상황에서는 급여진료를 선택한 환자는 법정 본인부담금만, 비급여진료를 선택한 환자는 미리 정해진 비급여진료비만 부담하면 됩니다. 건강보험의 보장성이 답보상태라는 점을 고려한다면, 혼합진료 금지는 건강보험의 보장성 강화를 위해서도 조속히 시행될 필요가 있습니다.

2장

의료재난을
불러온
시장 중심
의료공급구조

3 영리의료 일번지에 당신을 초대합니다

낭비의료를 권유하는 의료구조

A 씨는 무릎 통증으로 가까운 의원을 찾아 각종 영상검사를 받았는데, 운동과 약물만 처방받고 경과를 관찰하자는 이야기를 들었다. 그러나 통증의 호전이 없어 용하다는 의원을 찾아갔다. 그곳에서 최근 신의료기술로 승인된 '골수채취 줄기세포 무릎관절 주사치료'를 권유받고 한쪽 무릎에만 450만 원을 내고 시술을 받았다. 그런데 이후 큰 호전이 없어 다시 최초 방문했던 의원을 찾아가 속상한 마음을 호소했다. 문제는 최초 방문했던 의원에서도 다른 병의원의 과잉진료에 대해 이러쿵저러쿵하기가 쉽지 않아 별다른 언급을 할 수 없었다는 것이다. 환자가 최초 진료받은 의원도 등록된 '주치의'가 아니었고, 이 모든 의료처치는 개별 의사의 개인적 결정과 의학

적 소양에서만 결정된 것이었기 때문이다.

특히 최근 들어 무분별하게 승인되는 '신의료기술'의 특징은 안전성이 대체로 높아 부작용은 거의 없다는 것이다. 다만 효과가 불분명하거나 기존 건강보험 진료와 유사한 경우가 많다. A 씨가 받은 골수채취 줄기세포치료도 자가세포를 재주입하는 것이기 때문에, 세균 감염을 일으킬 수 있는 소독 문제만 해결된다면 별다른 부작용이 생기지 않는다. 간단히 설명하면 자기의 세포를 자신에게 주입하면 조직 간의 면역 부작용이 생길 가능성은 거의 없다. 이 때문에 줄기세포업체들은 개별 환자에게서 추출해서 배양하거나 재주입하는 방식의 치료가 안전하다는 명분으로, 이 의료기술에 대한 규제를 완화하고 자유로운 사용을 허가해 달라고 10여 년 이상 로비해 왔다.

하지만 안전하다고 해서 효과에 대한 명확한 검증 없이 이를 허가해서는 곤란하다. 생수나 과자를 약이라고 팔아서는 안 되는 것과 같은 이치다. 물과 과자도 건강에 이로운 영향이 있다. 따라서 안전하다고 하더라도 좀 더 엄밀하게 여타 기존 치료보다 높은 효과, 지속할 수 있는 명확한 효능 등이 입증되어야 신의료기술로 승인할 수 있다. 이것이 정상적인 의료시스템의 승인 절차일 것이다. 하지만 한국에서는 이를 규제 완화의 대상으로 몰아가고, 주요 경제지와 보수언론은 그 과정을 간소화하라고 주장한다.

게다가 앞서 살펴봤듯이 한국은 의사 개개인의 자율성이 극도로 팽창되어 비급여치료만 전문으로 하는 병의원이 경제적으로 승승 장구하는 과정이 반복되었다. 그 결과 표준의료도 정립되지 못했다. 악화가 양화를 구축하듯이 한국에서 '표준치료'는 마치 비급여치료 혹은 과잉진료를 뜻하는 것으로 변질되었다. 대표적으로 아직 상대적인 효용성이 입증되지 않은 로봇수술치료가 해외나 학회에서 입증된 전립선암이나 갑상선암 영역을 넘어서 모든 암종수술에 적용되는 문제가 발생하고 있다. 비율상 한국만큼 로봇수술을 모든 암수술에 많이 적용하는 나라는 없다.

또한 비급여치료 때문에 시장에 퍼져 있는 소문과 근거 없는 광고에 환자들이 현혹되기 일쑤다. 여기에 의료공급자들도 수익성 때문에 고가의 비급여치료에 대한 유혹을 떨치기 어렵다. 이런 비급여치료를 통해 얻은 초과수익은 의료의 내실을 갖추는 데 투자되거나 다른 수익성 없는 부분으로 환원되지도 않는다. 대부분은 현란한 광고나 병의원의 인테리어, 원스톱 서비스 같은 영역에 소비된다. 여기에 사회 전반에 퍼져 있는 외모 중심주의로 인해 미용적인 측면까지 고려하다 보니 고가의 창상치료제나 흉터제거제가 나이 불문, 부위 불문 사용된다. 즉 비급여치료로 얻은 수익 자체도 낭비의료의 산물이지만, 이 낭비의료의 산물도 모조리 낭비로 순환된다.

낭비의료를 부추기고 다시 낭비로 순환하는 상황은 사실 환자들, 특히 지푸라기라도 잡고 싶은 환자와 보호자에게는 제대로 눈에 띄지 않는다. 특히 보건서비스가 한국은 예방이 아니라 치료 영역에 집중되고 있으므로, 막상 문제가 발생해야 이런 문제에 대해 찾아보고 선택하려는 경향이 강하다. 병의원도 아무렇게나 선택할 수 있기 때문에 다른 소비재를 선택하는 것처럼 후기를 살펴보거나 주변에서 권유받는 경우가 대부분이다. 이런 양태 때문에 낭비의료는 주변으로 입소문을 타고 퍼지고 기하급수적으로 재생산된다. 이런 난맥상을 우리 국가와 사회는 의료산업화라는 프레임으로 더욱 조장하고 있다.

가짜 의료라도 괜찮아

B 씨는 2018년 세계 최초로 허가받은 골관절염 유전자치료제 광고를 평소 진료받던 정형외과 병원에서 봤다. 그간 퇴행관절염으로 걷는 것이 불편해 자녀들과 여행 다니는 것도 자제하던 차에 B 씨는 자녀들에게 이 주사를 맞고 잘 걷고 싶다고 이야기했다. B 씨는 큰맘 먹고 그동안 자녀들이 보내온 용돈을 모아 1500만 원짜리 주사제를 맞았다. 병의원에 붙여놓은 광고판에는 '세계 최초', '유전자치료', '연골 재생 가능성' 등의 단어가 쓰여 있었고, 시술한 의사는 이 주사제가 식품의약품안전처(이하 식약처)에서 허가받은 제품이니 믿어도 된다고 말했다고 한다. 수술받지 않고 치료해 볼 수 있는 기회이니 좋지 않겠냐는 권유도 의사로부터 받았다고 한다.

그런데 B 씨는 2019년 3월 언론에 나온 뉴스를 보고 깜짝 놀랐다. 본인이 맞은 약이 '연골유래' 유전자조작세포가 아니라는 보도였다. 더구나 그 세포는 미국 식품의약품안전처FDA의 임상시험에서 '종양유래'세포'로 밝혀졌다는 보도가 이어졌다(이른바 '인보사 사태'로 일컬어진다). B 씨는 자녀들의 용돈으로 사기를 당했다고 생각하니 분해서 잠을 잘 수 없었다. 더욱이 미국 식약처에서 행한 임상시험을 한국 식약처에서도 똑같이 행해 성분을 밝힐 수 있었음에도 불구하고 단순히 제약회사가 제공한 자료만 보고 면제해 줬다는 사실을 이해할 수 없었다. 아마 이런 가짜 약을 파는 제약회사를 용서하는 사람도 없겠지만, 이를 허가해 준 국가기관을 이해할 수 있는 국민은 한 명도 없을 것이다. 더구나 이런 위험천만한 약제에 대한 추적 관찰** 의무를 보건 당국은 판매한 제약회사에게 맡겼다. 고양이에게 생선을 맡긴 꼴이다.

세계 최초의 골관절염 유전자치료제 '인보사'가 가짜 약으로 밝혀진 것은 한국도 아닌 미국 식약처의 성분검사 결과를 통해서였다. 미국에서는 한국에서 이미 시판 중인 이 약품의 임상3상 시험이 진행 중이었는데, 약제의 유전자검사를 요구해 이를 확인한 후 임상시험 약제가 아님을 확인한 것이었다. 미국에서 임상시험 중단

---

* GP2-293(HEK 293)이란 종양유래세포로, 애초에 이는 실험실에서 무한 증식하는 세포배지 등에 사용되는 흔한 세포다. 실험실에서 무한 증식용으로 사용하는 세포가 약품이 되는 것을 아무도 검증하지 않은 사건이 바로 2019년 '인보사 사태'다.

** 이후 인보사를 맞은 환자에 대한 추적 관찰이 이루어졌는데, 2023년 6월까지 증례보고는 90건이다.

을 통보받은 2019년 3월은 이미 한국에서 이 가짜 약이 시판된 지 1년 8개월이 지난 시점이었다. 문제는 코오롱제약 산하 코오롱티슈젠이 만든 '인보사'가 허가받은 연골재생 유전자조작세포가 아니라 '종양유발세포'라고 한국 식약처가 확인한 것이 이로부터 2개월(2019년 5월)이나 지나서였다는 사실이다. 그제야 성분검사를 해봤다는 황당한 내용 보고가 당시에 있었다.

미국에서 임상3상 시험이 중단되고, 그로부터 2개월이 지날 동안에도 식약처는 코오롱사의 눈치를 보고 코오롱제약과 코오롱티슈젠이 상장폐지로 받을 타격을 걱정했다. 코오롱티슈젠은 사실 '인보사'를 제외하고는 시판하는 제품이 하나도 없는 제약회사였다. '세계 최초 유전자치료제 허가'라는 과대광고에 힘입어 시가총액은 1조 원을 넘겼지만 말이다. 2019년 3월은 인보사가 K-바이오의 상징처럼 광고되면서 일선 병의원에서 많이 사용되기 시작하던 시점이었다. 당시 '새로운 유전자치료제'로 알려져 많은 골관절염 환자는 수술받지 않고 치료될 수 있다는 희망 속에서 인보사를 찾았다. 미국 식약처의 통보와 한국 식약처의 시판 중단 간에는 일주일 정도의 시간 간격이 있었는데, 그 사이에도 10여 명의 환자가 이 가짜 약을 주입받았다.

한국 식약처는 가짜 약을 주입받은 환자들에게 이 사실을 알리고 대책을 마련하는 데 집중하지 않았다. 오히려 인보사를 시판하는 코오롱제약과 코오롱티슈젠 주주들의 이익에 주된 관심을 둔 행보를 보였다. 이미 미국에서 이 약이 가짜임이 밝혀졌다는 내부 정보를 먼저 안 주주들은 주식을 정리했을 공산도 크다. 인보사에 대한 문제점을 주장하는 언론은 개미투자자들의 악플 테러를 받았고, 일부 기자들은 위협 문자도 받았다. 반대로 주요 경제지와 보수언론은 이 가짜 약에 대해서 보도를 유보하는 태도를 지속했다. 한국에서 허가받고 시판되는 약품에는 국민의 건강보다 투자자들의 이해관계가 강하게 반영되어 있음을 보여주는 실례라고 할 수 있다.

다만 아무리 언론과 투자자들이 이런 태도를 견지했더라도, 국가기관인 식약처가 보인 행태는 놀랍기만 하다. 시판 중단에서 허가 취소까지 2개월 이상이 걸렸다는 것은 상식적으로 이해하기 힘들다. 게다가 한국 식약처는 인보사를 주입받은 환자들이 코오롱제약의 추적 관찰을 받도록 조치했다. 가짜 약을 판매한 사기 기업에게 종양유발세포를 주입받은 환자들의 추후 관리를 맡긴 것이다. 이후 인보사 사태는 민·형사상 소송의 대상이 되었는데, 식약처와 국가는 코오롱사와의 재판도 제대로 수행하지 않았다. 이에 따라 2024년 현재 회사 임원들의 허위 서류 제출(사기) 관련 소송에서는 식약처가 2심 패소했다. 법원에서도 식약처의 방임 수준의 허가[18]를 더 문제 삼고 있다.

인보사는 시판했기 때문에 그나마 더 초점이 됐지만, 주식시장에서의 매매 이익만을 노린 실제 시판제품이 하나도 없는 기업도 많다. 가령 '신라젠'은 2018년 코스닥 시가총액 2위에 육박했다. 하지만 개발 중인 약품이 미국에서 시판도 아니고 임상시험 단계에서 좌절된 후 내부 정보 유출 등의 문제로 상장폐지된 다음 재상장된 상태다. '헬릭스미스'도 시가총액이 한때 5조 원에 육박했다. 비슷한 과정으로 상장폐지된 이후 재상장 중이다. '제넥신'도 2021년 주가 폭등 이후 폭락했지만, 혁신기업으로 명맥만 유지 중이다. 이들 바이오기업의 공통점은 시판하는 제품이 하나도 없이 임상시험 중인 파이프라인만으로 시가총액을 수조 원씩 올리고 투자를 받았다는 점이다. 사실상 투전판에 불과하다. 인보사같이 시판된 가짜 약이 있으니 사실 임상시험만 하는 기업들은 양심적이라고 볼 수도 있겠지만, 이 과정에서 수많은 개미투자자는 피눈물을 흘리게 된다. 이런 투기판을 국가가 부추기는 것이 과연 맞는 일일까?

과자를 약으로 팔 수 있는 나라

과자를 약이라고 파는 것을 허가하면 어떻게 될까? 생수를 약으로 판다면 어떻게 해야 할까? 이런 초등학생도 대답할 수 있는 문제를 교묘하게 규제 완화로 포장해 추진하는 일이 지금 한국 사회에서 벌어지고 있다. 놀랍게도 한국에서는 안정성이 입증된 체외진단기기나 의료기기를 일단 시장에서 판매하고 난 후 평가하는 일종의 국가기능 포기 정책을 시행 중이다. 다름 아닌 선진입·후평가 제도다. 이 제도는 기존 의료기기 허가제도가 너무 기업의 시장 진입을 어렵게 한다는 주장에서부터 나아가 벌어진 촌극 중 하나다. 의료기기는 안정성 외에 효용성도 입증해야 한다. 안전하다고 해서 마구 팔 수 있게 한다면, 실제 벌어질 '사기'를 차단할 수 없기 때문이다.

게다가 기업이 국민에게 제품을 판매한 이후 그 효과를 평가한다는 것은 사실 국민의 호주머니에서 나온 돈으로 임상시험을 한다는 뜻이다. 이는 임상시험 비용을 국민에게 전가하는 것일 뿐 아니라 전국민을 일종의 마루타로 대하는 정책에 불가하다. 이런 말도 안 되는 정책이 한국에서는 정부기관에서 논의되고 있고, 때만 되면 규제 완화의 일환으로 주장되며 매번 한층 더한 방식으로 허용됐다. 한국에서 안전하다고 쉽게 허가받는 것은 비단 의료기기만 있는 것은 아니다. 세포치료제, 유전자치료제, 줄기세포치료 같은 첨단재생의료 제품도 같은 대우를 받는다. 명분은 기존 약품과는 다른 특수성이 있다는 것이다.

2024년 2월 1일 국회를 통과한 〈첨단재생의료특별법 개정안〉에 따르면, 이제는 희귀난치성 질환자가 아닌 모든 사람이 돈을 내고 자기 몸에서 채취한 세포를 증식한 세포치료제와 줄기세포치료제를 처방받을 수 있다. 자기 몸에서 채취한 세포를 증식했으니 안전성에는 큰 문제가 없을 것이다. 다만 그 효과는 아무도 입증하지 않았다. 유럽이나 미국에서는 아무리 안전하다고 해도 임상시험에서 그 효과가 입증되지 않은 세포증식치료와 줄기세포치료를 허가하지 않는다. 윤석열 정부는 이를 허용하고 있는 일본의 예를 들고 있는데, 일본은 한국과 달리 비급여진료를 사실상 차단하는 혼합진료 금지와 계약제를 시행하는 나라다. 한국처럼 영리적으로 의료공급을 하고 의사들도 영리적으로 여러 신의료기술을 공급하는 국가에서 임상시험도 하지 않은 세포치료를 허가한 나라는 단 한 곳도 없다.

물론 다른 나라에서 하지 않더라도 한국에서 시행되는 것들은 앞서 살펴봤듯이 매우 많다. 전 세계에서 가장 높은 수준의 영리적 의료기관 공급, 건강보험을 방치해 생긴 민간보험의 존재, 낮은 건강보험 보장성, 끊임없는 영리병원 설립 시도, 그리고 안전하다는 명목으로 허가되는 수준 이하의 의약품, 의료기기 규제 완화 등이 그것이다. 그런데 왜 국가제도에서 검증해야 할 공공의료 수준과 국민의 의료비 절감 문제에는 이토록 둔감하고 무정부적일까? 그건 아마도 보건의료는 시장자본주의에 맡겨놔도 문제가 되지 않는 상품이라는 고도의 의료상품화 이데올로기가 한국에 횡행하기 때문일 것이다. 시장에 의료를 맡겨둬도 아무 문제가 되지 않는다고 주장하는 나라, 그런 나라의 전형이 아마 한국이 아닐까.

왜 건강보험이 적용되는 수술도

진료비는 들쑥날쑥할까

C 씨는 70세 중반의 노인으로 수년째 무릎관절염으로 고통받고 있다. 가까운 병의원에서 영상검사를 해보니 무릎연골이 거의 닳아 인공관절수술을 권유받았다. 인공관절수술을 하려고 주변의 수술 병원을 수소문해 보니 이곳저곳이 유명해서 방문하게 되었다. 그런데 방문하는 병원마다 수술비가 걱정되어 진료비를 물어보니 비용이 들쑥날쑥했다. 비싼 곳은 양쪽 무릎수술을 다 하는데 1000만 원가량 들었고, 싼 곳은 200만 원가량이 든다고 했다. 왜 이렇게 차이가 나는지 궁금해서 다시 동네의원에 물어보니 동네의원 의사도 이해하기 어렵다고 했다. 인공관절치환술은 당연히 건강보험이 적용되는 수술인데, 어떻게 비용 차이가 이렇게 많이 날 수 있을까?

결론부터 말하면 이 비용 차이는 앞서 언급한 비급여진료비 때문이다. 그런데 비급여진료라고 하면 단순히 선택적인 옵션이기 때문에 인공관절치환술 같은 꼭 필요한 수술에서는 많지 않을 것으로 생각하지만, 한국에서는 그렇지 않다. 우선 치료재료, 인공관절의 종류, 수술 후 처치에 포함되는 옵션 등이 모조리 비급여진료로 치환 가능하다. 애초에 건강보험에 등재된 치료재료나 인공관절이 있지만, 병의원에서 임의로 비급여진료를 권유하고 그때 사용되는 치료재료가 환자에게 더 낫다고 하면 실제로 환자의 선택권은 없어지는 셈이다. 그런데 진짜 문제는 이런 식으로 임의로 비급여진료를 섞어 넣게 되면서 국민은 자신의 지불능력에 따라 차별적인 서비스를 받게 된다는 점이다. 건강보험 진료에서 이런 차별적인 요소가 혼합되는 문제는 건강보험의 원칙에도 맞지 않는다.

건강보험은 앞서 봤듯이 우리가 내는 사회보험료를 기반으로, 균등하고 평등한 의료공급을 제공하기 위해 만들어진 사회제도다. 따라서 대부분의 선진국은 보편적이고 평등한 의료 이용을 위해 공적 보험의 규정 외 진료는 임의로 하지 못하도록 하고 있다. 그리고 공적 보험 내의 진료 금액도 임의로 정할 수 없다. 그런데 한국은 건강보험에 등재된 각종 수술과 치료재료의 가격을 결정해 놓고도 임의로 이를 빼고 비급여진료를 섞을 수 있도록 방치해 사실상 건강보험 영역의 진료비가 천차만별이 되는 기현상이 발생하고 있다.

인공관절치환술은 사실 대부분의 선진국에서는 거의 무료로 시행되는 수술이거나 의료비 상한제의 혜택으로 일정 금액 이상을 부담하지 않는 의료서비스에 속한다. 현재 매우 심한 무릎 퇴행관절염의 경우 사실상 대안이 없으므로, 대다수 국가가 무상의료 수준에서 시술을 제공하고 있다. 그런데 한국에서는 이런 필수적인 수술조차 비급여진료의 혼합으로 인해 막대한 본인부담금이 발생하고 있으며, 정부는 이 문제를 전혀 해결하지 못하고 있다. 이런 문제는 건강보험에 등재된 진료행위의 경우 그곳의 명시된 치료재료나 수술방식 이외에 임의로 혼합진료를 행하는 것을 금지하는 것을 통해 해결할 수 있다. 그래서 아예 건강보험 등재 수술이라 할지라도 별도의 치료재료나 고가의 인공관절을 선택한다면 건강보험 보장에서 제외하는 방식으로 혼합진료를 금지해야 한다.

혼합진료를 금지한다면 무릎관절염 인공관절수술을 받아야 하는 환자는 아마 비용 측면에서 두 가지 선택지를 고려하게 될 것이다. 하나는 200만 원 상당의 입원 건강보험 본인부담금이 있는 건강보험 급여수술이고, 다른 하나는 2000만 원 수준의 전액 본인부담금을 내는 비급여재료 수술이다. 이렇게 되면 환자는 명확하게 자신의 선택권이 보장된다. 여타 선택적 치료재료나 인공관절, 그리고 수술 후 영양제 등을 섞어놓은 천차만별의 선택지를 애써 해석하지 않아도 되고, 의사가 권유하는 선택적 치료를 하나씩 분리해서 판단하지 않아도 된다. 혼합진료가 유지되고 있는 현재의 한국 의료는 환자의 선택권을 실질적으로는 보장하지 못하고 있다. 비급여진료 끼워 팔기에 국민이 노출된 건 일차적으로 건강보험 보장성이 낮기 때문이지만, 애초에 비급여진료를 허용하면서 시작한 1977년 직장건강보험 도입의 첫 단추가 잘못 끼워진 원죄이기도 하다. 따라서 이제라도 필수적인 의료서비스의 제대로 된 선택권을 회복하기 위해서는 건강보험의 급여진료와 비급여진료를 섞어 진료하는 혼합진료의 금지를 적극적으로 추진해야 할 것이다.

의료기관 이용이 가장 많은 나라,

왜 영리병원에 집착할까

한국은 일차의료는 없지만 누구나 쉽게 병의원에 갈 수 있다. OECD 지표를 보면 한국 시민 1인당 병의원 방문 일수는 세계 최고 수준이다. 그렇다면 우리 국민은 스스로 건강하다고 생각하고 있을까? OECD 건강통계는 상반된 결과를 내놓는데, 자료에 따르면 한국은 건강하지 않다고 생각하는 사람이 가장 많은 국가다. 즉 가장 빈번하게 병의원을 내원하면서도 가장 건강하지 않다고 생각하는 모순이 존재하는 것이다. 하지만 조금 더 생각해 보면 이것이 이치에 맞는다. 건강하지 않다고 생각해서 병의원에 많이 내원하는 것일 수도 있기 때문이다. 만약 이것이 사실이라면, 한국의 의료제도는 아프기를 기다리는 의료제도에 불과하다. 그렇지 않다면 병의원에 많이 내원하면서 당신이 건강하지 않다는 생각을 많이 하게 되었다고도 볼 수 있다. 의료상품화가 가속화되어 우리 국민이 언론, 텔레비전, SNS, 지인들로부터 듣는 의료 정보는 그야말로 넘쳐난다. 문제는 이런 정보가 정확한지, 나한테 필요한지, 건강증진의 영역인지 치료의 영역인지를 구분하는 데 있어 어떤 사회적 장치도 없다는 사실이다. 대부분 각자 현명한 소비자가 되어 좋은 식품, 좋은 의사, 좋은 병원을 찾아야 한다. 어떤 정보가 정확한지 스스로 공부해야 한다. 이렇게 개개인이 의료 이용과 건강상태를 학습하고 챙겨야 하는 체계는 정상적인 의료체계라고 할 수 없다.

이처럼 의료상품화가 심화된 한국은 극단적인 의료민영화에 노출되기 쉬운 환경에 있다. 그래서 한국경영자총협회(경총)는 지난 수십 년간 직접적인 의료민영화 사안인 '영리병원' 도입을 첫 번째 규제 완화 과제로 줄곧 거론해 왔다. 2014년에는 사실상의 영리병원인 '투자개방형 병원'에 대한 불허가를 두고 갈라파고스 규제라고 철폐를 요구했고, 2018년에는 투자개방형 병원을 허용하는 것이 우리 사회가 나아가야 할 첫 번째 방향이라고 주장했다. 이처럼 영리병원에 산업자본까지 나서서 관심을 두는 이유는 영리병원이 다른 산업과는 달리 무한 확장이 가능한 산업이기 때문이다. 이 때문에 수십 년 전부터 입만 열면 영리병원 타령을 하고 있는 것이다.

그러나 영리병원은 한국에서 한번 운영을 시도해 볼 수 있는 그런 부류의 병원이 아니다. 한번 시험 삼아 해보기에도 너무 위험하다. 앞서 살펴봤듯이 한국의 의료체계는 이미 상업화와 시장화가 너무 많이 진행되어 있다. 그나마 현재 영리병원을 제도적으로 막는 '비영리법인병원 허용'이 병원산업의 수익이 금융자본이나 산업자본으로 쉽게 빠져나가는 것을 막는 마지노선이라고 할 수 있다. 한국 의료체계가 시장화되어 있는 상황에서 그나마 버팀목으로 기능하는 것 중 하나는 영리병원 불허가이고, 다른 하나는 전국민건강보험이다. 그나마 이 두 가지 버팀목이 있기에 의료체계가 붕괴할 위험 속에서도 국민이 의료 접근성과 의료비 문제에서 조금이라도 도움을 받을 수 있는 것이다.

따라서 영리병원 도입을 그냥 한번 해봄 직한 규제 완화 정도로 여기는 것은 심각한 착각이다. 실제 영리병원이 도입되면 이는 해외의 영리병원과는 비교도 안 될 정도의 파괴력을 가지게 된다. 한국은 비급여진료가 무한대로 허용되어 있고, 전체 의료공급의 95%가 시장주의적 의료공급이다. 병원에서 벌어들인 돈이 투자자와 거대 금융자본에게 배분되는 것이 허용된다면 눈앞에서 어떤 일이 벌어질지 쉽게 예상할 수 있다. 앞서 언급한 여러 가지 문제들이 수십 배 증폭된다는 데에 대부분 동의할 것이다.

그래서 영리병원은 이미 한국에서 해묵은 주제로 다루어진다. 드라마*에서조차 영리병원 도입에 적대적인 상황을 다층적으로 묘사한다. 여론의 다수도 영리병원에 매우 부정적이다. 그런데 이렇게 여론이 부정적인데도 영리병원의 도입은 최근 10년 내에 끈질기게 시도되었다. 대표적으로 2015년 박근혜 정부는 선진의료 도입이나 외국인 정주시설로 필요하다는 기존 주장을 무색하게 할 정도로 작은 고작 45병상짜리 영리병원을 승인했다. 그리고 이 병원의 허가 건은 이후 제주특별자치도(이하 제주도)로 넘어갔는데, 여론의 광범한 비판으로 제주도청도 위기에 봉착했다. 당시 제주도지사였던 원희룡은 이 문제에 대한 정치적 책임을 지지 않으려고 공론조사위원

---

* "누군가 그러더군요. 미래의 의료기관은 병을 치료하는 곳이 아닌 가진 자들의 건강을 유지시켜 주는 곳이 될 것이라고요." JTBC 드라마 〈라이프〉(2018) 중에서.

회에 이 결정을 위임했다.[*] 물론 나중에 원희룡 전 제주도지사는 공론조사위원회 결정을 뒤엎고, 결국 영리병원을 2018년 12월 허가하기에 이르렀다. 이는 정치인이 여론과 유권자의 정서보다 친기업 입장을 지지하는 쟁점 가운데 하나가 영리병원 도입임을 보여준 사례로 볼 수 있다.

다행히 현재 국내 최초로 허가된 제주도 녹지병원은 허가가 취소된 상태다. 2018년 허가 당시 녹지병원은 개원 준비는커녕 실제로 운영할 계획도 없었다. 몇 개월이 안 돼서 개원 허가는 취소되었다. 이것도 영리병원에 대한 자본의 집착을 보여주는 사례라고 할 수 있다. 어렵게 중앙정부가 승인한 영리병원 건을 마지막 허가까지 밀어붙여 현실화하기보다는 '영리병원'이 한국에서 받아들일 수 없는 성역이 아님을 증명하려고 했던 것으로 해석된다.

2019년부터 2023년까지 녹지병원 측은 영리병원과 관련한 소송을 통해 이 문제를 끌어왔다. 원희룡 전 제주도지사는 초기에는 약속만 어긴 정치인이었지만, 이후 소송 과정을 보면 투자자본이 실제 영리병원 규정을 혁파하기 위한 법리(법적 근거)를 적용하는 데 그가 도움을 주었다고 의심할 만한 정황을 포착할 수 있다.[19] 다시 말하면 영리병원의 법리적 이력을 만들어 주려고 이 같은 영리병원의 허가를 강행했다는 가설이다. 다행히 원희룡 전 제주도지사가 퇴임 후 제주도를 떠나고 나서는 모든 영리병원을 불법화하는 조

---

[*] 제주특별자치도 내 영리병원 도입은 원희룡 전 제주도지사의 선거 공약 중 하나였다.

항, 영리병원이 내국인은 진료할 수 없다는 조항 등에 문제가 없다는 법적 판결을 받게 된다. 이처럼 영리병원 도입 시도는 여전히 한국 의료체계를 민영화하는 뇌관으로 기능하고 있다.

앞서 살펴봤듯이 한국에서는 공공 부문에 남아 있는 병원이 애초에 거의 없고, 이들 병원은 수익성이 없어 이들을 통폐합하거나 민영화하는 데에는 큰 관심을 두지 않는다. 반면 병원산업의 핵심인 거대병원(빅5 병원)의 높은 수익성과 파생되는 수익 모델에는 큰 관심을 둔다. 산업자본 입장에서는 수익성이 높은 병원, 의료산업에 막대한 팽창 효과를 불러일으킬 병원들이 아쉽게도 비영리법인이어서 수익을 배당하거나 수익을 병원 밖으로 가지고 나올 수 없다는 점이 가장 큰 난점으로 여겨질 것이다. 따라서 이러한 영리병원 도입에 대한 자본의 집착을 이해하지 못하면 "작은 영리병원 하나 허용한다고 해서 무슨 문제가 있겠느냐?"라는 반문에 적절히 대응할 수 없다. 문제는 작은 영리병원 하나를 통해서 병원의 수익을 사적으로 유용할 수 있는 합법적인 경로가 열린다는 사실에 있다. 이는 단순히 도입하려는 영리병원이 있는가, 그 병원이 실제 미칠 영향력이 어느 정도인가 하는 구체적인 논의보다는 이데올로기적인 영역, 더 나아가 의료를 바라보는 '철학' 자체에 속하는 문제라고 할수 있다.

2023년부터는 〈강원도 경제자유구역법〉에 '영리병원 설립 가능조항'을 넣을 것인지가 논의되고 있다. 법안을 발의한 국회의원은

원희룡 전 제주도지사 시절 정무부지사를 지낸 인물로,* 영리병원
을 둘러싼 이해관계의 양태를 볼 수 있는 지점이다. 영리병원 도입
을 주장하는 이들이 자본의 수탈이 심해지는 병원 형태를 지향한다
는 점에서 이는 철 지난 논쟁거리가 아니라 여전히 한국 보건의료
를 둘러싼 뜨거운 감자라는 사실을 알 수 있다.

내가 제일 잘나가,
민간의료보험

영리적 의료행위는 무엇보다 민간보험시장의 활성화 때문에 가능
했지만, 역으로 민간보험회사 역시 영리적 의료행위를 통해 시장을
확대해 왔다. 앞서 살펴본 '건강관리서비스'의 경우도 개인 건강정
보를 보험회사 등이 취득해 간다는 점에서 민간보험회사 입장에서
는 꿩 먹고 알 먹는 장사라고 할 수 있다. 개인 건강정보를 통해 가
난한 사람들의 민간보험 가입을 결정하고 손해율을 추정할 수 있기
때문이다. 이런 문제를 최근에는 민간보험회사들이 '환자들의 편의
성'을 내세워서 '실손의료보험 청구 간소화 서비스'까지 추진했고,[20]
아쉽게도 2023년 11월 이는 21대 국회에서 여야 합의로 처리되었

* 박정하 의원은 2015년 10월까지 제주특별자치도 정무부지사를 지내며 원희룡의 측
근으로 활동했고, 지금도 원희룡의 최측근으로 분류된다.

다. 실손의료보험은 보충형 보험으로 설계되었지만, 청구 간소화 서비스가 이루어지면 실제로는 개인의 건강정보와 진료 내용이 확인되어 경쟁형 보험으로 전환되는 통로가 열린다.** 이 서비스를 통해 국민 대다수가 가입해 있는 실손의료보험으로부터 당장은 청구금을 쉽게 수취할 수는 있겠지만, 이는 장기적으로 민간의료보험료의 차등 부과와 가입 거절로 이어질 것이다. 한편 민간의료보험은 국민건강보험을 압도하는 성장을 하게 될 것이며, 이렇게 날개 단 듯 잘나가는 민간의료보험 때문에 건강보험 보장성 강화는 더욱 어려워질 가능성이 크다.

민간보험의 확대는 의료산업화 세력의 토양이 되고, 이는 훨씬 더 나아가 의료민영화와 의료비 폭탄을 낳는 기반이 된다. 2000년 국민건강보험이 단일보험으로서 국가사회보험의 큰 틀에서 출범했으나, 의약분업을 시발점으로 하는 공급 개혁은 의료공급자들의 거센 저항으로 말미암아 보장성 강화로 나아가지 못했다. 2000년 의약분업도 도입에 성공했지만, 의사집단의 저항으로 인해 여러 차례 의료수가(이하 수가) 인상과 의대 정원 축소 등으로 결론이 났다. 그 결과 건강보험의 재정 효율성은 공급자 몫의 증대로 악화 일로를 걷게 된다. 의료공급자 저항에 밀려 공급구조 개혁의 핵심인 지불제도 개편 논의가 후순위로 밀려난 시점에, 김대중 정부는 거꾸

** 현재는 실손의료보험이 '보충형 보험'이지만, 장기적으로는 국민건강보험과 경쟁하는 '경쟁형 보험'을 지향한다.

로 보건복지부 산하에 '민간의료보험활성화TF'를 구성해 의료민영
화 방안을 제시했다. 2001년 10월 민간의료보험활성화TF가 보건복
지부 장관에게 보고한 결론과 건의 내용은 다음과 같다.

건강보험 예산의 제약하에서 국민 의료보장의 내실화를 도모하
기 위해서는 응급의료 등 공공성이 높고 상대적으로 비용효과성
이 높은 서비스를 기본급여로 정하여 이를 국민건강보험이 완전
히 책임지고, 그 외의 보충급여 부분에 민간보험이 참여하는 복
층구조two-tiered system의 의료보장체계로 전환하는 것이 필요하
다.[21]

민간의료보험활성화TF에서 발간한 「국민건강보험과 민간보험
의 협력을 통한 의료보장체계의 개선방안」 보고서에 담긴 이와 같
은 '민간보험 활성화 조치'는 지금 봐도 엄청난 의료민영화 사안들
을 포함하고 있는데, 되돌아보면 그 일부는 이미 이루어졌다. 우선
'공보험의 요양기관 당연지정제도를 자유계약제로 전환'해서 '공보
험의 요양기관 계약제도가 시행될 때 민간보험 활성화의 전환점이
될 것'을 분명히 하고 있다. 이는 앞서 살펴본 영리병원 도입과도
연결된다. 특히 2007년 이명박 정부 인수위원회의 의료민영화 계획
의 핵심이었던 '당연지정제 폐지' 주장은 실제로 민간보험 활성화
대책과 연결되어 과거부터 주장된 내용을 그대로 재현한 것에 불과

했다.

이외에도 '민간의료보험 가입분에 대한 소득공제 실시', '기업이 단체가입으로 민간의료보험에 가입할 때 법인세 손비인정 혜택 부여', '민간보험사가 질병 위험률 정보 축적을 위해 국민건강보험공단과 건강보험심사평가원이 보유한 의료 관련 정보 활용', '민간보험 심사평가기구와 건강보험심사평가원 간의 협력' 등을 언급하고 있다. 이 중에서도 최근 국회를 통과한 〈실손의료보험 청구 간소화법(보험업법 개정안)〉의 핵심 내용인 '민간보험회사에 대한 청구 목적으로 의료기관 진료정보의 전산 전송 건'은 사실 '질병 위험률 정보 축적'을 위해 2001년부터 민간보험회사가 요구한 의료정보 활용 건이라는 점도 알 수 있다. 또한 이번 법안 논의에서 정보 축적 기구로 '건강보험심사평가원'이나 '보험개발원'을 언급한 것도 민간보험 활성화 차원에서 이미 2001년부터 주장되어 온 것이다.

끝으로 2024년 2월 15일 금융위원회는 실손의료보험 청구 간소화 서비스를 위한 전산 청구 대행기관으로 보험개발원을 지정했다. 보험개발원은 보험사의 보험요율 예측치 등을 계산하는 사실상 담합연구기관으로, 민간보험회사 임원이 이사이고 이들이 출자한 연구원이다. 이런 민간보험회사 연합연구소를 환자 개인정보 전달기관으로 지정한 것도 의아하지만, 이런 문제가 공론화되지 못하고 환자 편의라는 측면만 강조되면서 행정 처리되는 상황이 작금의 한국 의료보험 수준을 보여주는 것 같아 쓸쓸하기만 하다.

의료민영화는 현재진행형

민간의료보험 활성화는 영리병원 도입, 건강보험 당연지정제 폐지, 개인 건강정보 축적과 민간보험 심사체계 구축, 이중보험구조 설계 등 여러 방향에서 모색되고 있다. 이런 맥락 속에서 민간의료보험을 활성화하려는 시도는 다양한 모습으로 진화해 왔다. 2003년 삼성생명의 「민영건강보험의 현황과 발전방향」 보고서에서는 '공보험과 사보험 간 완전경쟁 모델'로의 진화를 상정했고, 2005년 노무현 정부는 의료산업화선진화위원회를 출범해 여기서 '건강보험-민간보험 간 역할 설정'을 상정하면서 실손의료보험의 본격적인 활성화에 착수했다. 그리고 2008년 이명박 정부의 기획재정부는 사보험의 '공·사보험 정보 공유'가 필요하다고 대통령 업무보고를 하면서 실제 민간의료보험사가 국민건강보험 진료정보를 공유할 수 있게 힘썼다.

그 결과 민간보험회사가 의료공급 영역, 특히 만성질환 등의 일차의료공급을 미국식으로 주도하고자 시작한 사업이 나타났는데, 이것이 결국 윤석열 정부가 인증한 '건강관리서비스'다. 미국의 민간보험체계는 보험가입자가 건강관리서비스에 등록하면 보험료를 일부 깎아주는데, 한국의 민간보험회사도 이 방식을 응용해서 의료공급 영역에까지 진입하려 해왔다. 하지만 건강관리서비스는 기존 의료법과의 충돌 문제로 별도 법안으로 제출되었는데, 그 법안의 본질이 의료민영화였기 때문에 2009년과 2010년 두 차례 국회에서 법안 통과가 무산되었다. 결국 이를 여러 편법을 통해 조금씩 규제 완화하여 2022년 10월 윤석열 정부는 국회 입법을 우회해 행정부 독단으로 '인증제'를 허용했다.

노무현 정부의 의료산업화선진화위원회가 제시한 여러 가지 의료민영화 방안들, 대표적으로 병원광고 제한 완화, 환자 유인·알선 허용, 해외자본 유치, 의료기관 부대사업 허용 등이 실제 상당 부분 현재 실행되고 있다. 문제는 이들 사안의 상당수가 민간보험회사의 시장 확대와 연관되어 있다는 점이다. '환자 유인·알선 허용' 같은 경우는 당연히 민간보험회사별 가입자의 특정병원 알선으로 연결될 수 있으며, 의료기관 부대사업도 경영지원회사나 민간보험청구 회사 등의 편법 사업과 민간의료보험이 연계될 공산이 크다. 이런 문제 때문에 2013년 박근혜 정부의 영리자회사 허용 등의 의료민영화 시도가 거세지자 민간보험회사의 이익 문제도 이에 깊이 관여된 것으로 평가되었다.

이처럼 지난 20여 년간 민간의료보험과 연계된 첨예한 의료민영화 사안을 두고 시민사회단체와 노동운동단체, 그리고 일반 시민들이 목소리를 내왔고, 상당 부분 이를 저지해 왔다. 하지만 30여 년간 답보상태인 낮은 국민건강보험의 보장 수준과 계속 시장을 넓혀온 민간의료보험회사의 영향력으로 인해 '실손의료보험 청구 간소화 법안' 싸움에서 결국 난맥상이 만들어지고 말았다. 2010년 전후에는 실손의료보험의 문제점에 대한 대중적 공분이 컸다면, 이제는 4000만 명 이상이 가입한 현실적 위치에서 올바른 사용 방법 등이 강조되는 상황이 조성되고 있다. 이는 견제와 감시뿐 아니라 새로운 운동 패러다임을 요청하는 국면을 만들고 있다.[*]

반복되는 의료파업, 지쳐가는 시민들

2024년 2월 윤석열 정부가 의대 정원을 2000명 늘리겠다고 선언했다. 그런데 인원을 늘려서 어떻게 배치하겠다는 내용은 없었다. 의사 정원에 있어 문제가 되는 것은 사실 숫자가 아니라 양성되는 곳과 실제 근무지역이 상이하다는 것인데, 단순히 증원 숫자부터 밝히는 기현상이 벌어진 것이다. 그런데 이런 숫자만 표명한 조악한 안에 대해 의사들은 이전처럼 집단적인 진료 거부(파업)로 응수했다. 대안 제시도 없고, 방향에 대한 입장 표명도 없이 무조건 의대 정원 증원은 안 된다는 식의 진료 거부 행태가 벌어진 것인데, 이는 아마도 전 세계에서 유례를 찾기 힘들 듯하다. 의사의 파업권은 유럽 국가에서는 대부분 의료인 본인의 처우와 관련되거나 보건 예산 확대를 위한 것이다. 무엇보다 의사파업은 국민에게 더 나은 의료

---

[*] 일부 환자단체와 시민단체는 소비자 편의성을 두고 '환자 진료정보의 강제 전산 전송'을 찬성했다. 그 결과 실손의료보험 청구 간소화 법안이 환자 편의를 위한 것으로 포장되었다.

서비스를 제공하려 한다는 합리적 명분에 따라서만 가능하다. 그래서 유럽 국가에서는 대체로 의사파업에 국민 여론이 호의적이다.

반면 한국은 이와 다르다. 한국에서는 의사들이 본인의 기득권을 지키기 위해 진료 거부로 대응하는 일이 허다했다. 1966년에 이미 세금 문제로 집단 진료 거부를 천명한 적이 있고, 직장건강보험 도입에도 그런 조짐을 보였다. 당시 박정희 유신체제의 권위주의로 인해 집단행동이 벌어지지 않았다고 볼 수도 있다. 그리고 의과대학을 신설하려 할 때마다 의사들은 번번이 반대만 해왔다. 2000년에는 의약분업을 시행하겠다는 약속까지 해놓고서 막상 약가 마진이 손해로 다가오자 8개월간 진료를 거부했다. 2020년에도 400명 의대 정원 증원안에 대해 코로나19 범유행 시기임에도 불구하고 진료 거부를 해 이를 무산시켰다. 이렇게 전 세계 어느 나라에서도 보기 힘든 모든 의료 개혁을 거부하는 전략이 성행한 이유는 다름 아닌 민간의료공급에 절대적으로 의존하는 한국의 의료공급구조 때문이다.

인턴과 레지던트 같은 교육받는 전공의들이 진료 거부에 동참했는데도 수술과 응급진료가 막대한 차질을 빚었다. 대형교육병원은 평시와 비교했을 때 수술과 입원 건수가 반 토막 나고 말았다. 이는 민간병원이 임금이 낮은 전공의를 중심으로 병원을 운영해 왔기 때문이다. 다시 말해 의사들의 집단행동이 가장 극심한 사회적 파장을 일으켰던 2000년 의약분업 사태 이후로도 여전히 민간의료공급을 방치하고 조장한 후과를 지금 보고, 겪고 있는 것이다. 만약 공공의료기관을 그 이후 노무현 정부가 약속했던 30% 선까지 올렸다면, 지금 상황은 많이 달라졌을 것이다. 최소한 전공의 같은 덜 숙련된 의사인력이 아니라 전문의를 중심으로 한 진료방식을 민간병원에 강제했더라면, 지금과 같은 일은 발생하지 않았을 것이다.

한국에서 의사들의 집단행동이 갖는 파괴력이 크고 국민이 그로부터 받는 고통이 큰 이유는 민간의료, 즉 시장 중심 의료를 방치했기 때문이다. 그런데 이번에 발표된 2000명 의대 정원 증원안도 민간의료기관에 주로 혜택을 주는 방향으로 설계되었다. 정부가 증원안을 내놓기 4일 전에 발표한 '필수의료 패키지'를 보면 공공의료 정책에 관한 대목은 찾을 수 없고, 민간의료기관이 필수의료를 더 하면 가산해 주는 방식으로 설계되었다는 것을 알 수 있다. 민간의료기관을 더 활성화해 향후 의사 기득권도 더 강화될 것으로 전망된다. 게다가 지역의료 활성화를 내세우면서도 막상 지역에서 의무복무하는 의사를 늘리는 '지역의사제'는 정부가 거부했다. 공공의료기관에서 일하는 것을 전제로 선발하는 '공공의대'도 거부하고 있다. 직업 선택의 자유를 침해할 소지가 있다는 이유에서다.

가까운 일본에서는 이미 1972년부터 '자치의대(도도부현 지자체가 연계해 설립한 의과대학)'를 설치해 공공의료에만 복무하는 의사를 50년 이상 양성하고 있다. 또한 일본은 2007년부터 선발인원의 10% 이상을 의무복무를 조건으로 한 지역정원제로 선발하고 있다.

그런데 이런 상식적인 의료공급 계획을 외면하면서 결국 시장 공급을 조장하는 의료 정책하에서 의사를 늘리겠다는 것이 현 정부의 의료 개혁 방안이다. 이런 조악한 안을 '의료 개혁'으로 포장해 내놓는 정부도 전 세계에서 유례를 찾을 수 없을 듯하다.

이처럼 국민의 생명을 볼모로 진료 거부(파업)를 행사하는 의사집단이나, 배치계획이나 공공의료 지원책은 없는 숫자뿐인 증원안을 제시하는 정부나 모두 괴상하고 망신스럽기는 매한가지다. 그리고 이들 의사집단과 조악한 의료 개혁안을 발표한 정부 사이에 공통점이 있는데, 양자 모두 공공성은 외면하고 시장만능주의에 입각한 의료공급만을 따른다는 점이다. 이런 시장만능주의로 인해 시민이 겪는 고통은 이제 이루 말할 수 없다. 국민의 자존심도 계속 큰 상처를 입고 있다. 환자-의사 관계도 더욱 대상화되고 상품화되었다. 따라서 시장만능주의 집단과 이를 비호하는 정부 모두를 비판할 수 있는 '공공의료를 지향하는 정치'가 대안으로 절실하다. 형편없는 양자택일보다 중요한 제3의 요구는 공공의료 강화에 방점을 둔 의료 개혁이 되어야 한다. 그렇지 않으면 계속된 의사집단의 저항에 그 어떤 개혁안도 내놓지 못할 것이고, 의대 정원 증원보다 더 중요한 여러 가지 의료 개혁 과제도 사라져 갈 것이다. 의사들의 집단행동을 저지할 수 있는 최선의 방안은 다름 아닌 '공공의료'를 복원하는 정치와 정책이다.

4 영리의료가 낳은 지역 간 보건의료자원 불평등

의료진도, 병상도 부족한 지역의료기관

한국에서는 보건의료자원의 지역 간 불평등이 갈수록 심화하고 있다. 〈표1〉의 시도별 의사 분포 통계만 보더라도 이를 잘 알 수 있다. 2018년에는 전국 인구 1000명당 평균 의사 수 대비 서울시 인구 1000명당 평균 의사 수가 1.52배였지만, 2022년 7월 기준으로는 1.58배로 더 격차가 벌어졌다. 세종시를 제외하고 의사 수가 가장 부족한 경상북도와 서울시를 비교해 보면 2018년에는 2.22배로 서울시가 많았지만, 2022년 7월에는 2.48배로 역시 격차가 더 커졌다. 간호사 수의 시도별 분포도 지역별 격차가 크다. 광주시, 대구시, 서울시, 부산시는 600명대를 넘어서고 있지만, 충청북도, 충청남도, 경기도는 300명대를 보이며 역시 2배 정도 차이가 난다.[22]

22년 순위	시도별	2018		2019		2020		2021		2022.07	
		의사수	천명당	의사수	천명당	의사수	천명당	의사수	천명당	의사수	천명당
1	서울	29,378	3.01	30,359	3.12	31,140	3.22	32,045	3.37	32,782	3.45
2	대전	3,629	2.44	3,726	2.53	3,680	2.51	3,722	2.56	3,805	2.63
3	대구	5,721	2.32	5,908	2.42	6,013	2.49	6,083	2.5	6,220	2.62
15	충남	3,114	1.46	3,198	1.51	3,244	1.53	3,270	1.54	3,267	1.54
16	경북	3,619	1.35	3,662	1.37	3,655	1.38	3,627	1.38	3,625	1.39
17	세종	270	0.86	302	0.89	441	1.24	458	1.23	498	1.31
-	전국	102,471	1.98	105,628	2.04	107,976	2.08	109,937	2.13	112,293	2.18

표1   시도별 인구 1000명당 의사 수 상위 및 하위 분포 현황

　　의료기관 분포도 마찬가지로 지역 간 격차가 크다. 2020년 기준으로 300병상 이상 규모의 병원을 중심으로 나타난 시도별 인구당 병상 수 격차는 가장 낮은 울산시와 경기도가 인구 1000명당 1.3개 수준인 데 반해 가장 높은 서울시와 부산시가 인구 1000명당 2.8개 수준이어서 약 2배 정도 차이가 난다. 이러한 문제는 전문질병과 단순질병 사이에 자체충족률 격차를 일으키고 있다. 자체충족률이 가장 높은 지역인 서울시와 대구시, 부산시, 대전시 등 대도시가 각각 87~89% 수준을 보이는 데 반해 가장 낮은 지역인 경상북도와 충청남도 지역은 60~65% 수준을 보인다. 이러한 의료기관자원 분포에 비례하여 입원환자의 중증도 보정 사망비도 서울시는 0.85로 가장 낮은 데 반해 충청북도는 가장 높아 1.29를 기록했다(전국 평균은 1.0).* 전체적으로 300병상 이상 종합병원의 공급 여부에 따라 해당 지역 진료권의 중증도 보정 재입원비와 사망비가 유의하게 낮아졌다.[23] 더욱이 이러한 병상자원 공급은 수도권 쏠림 현상이 해가 갈

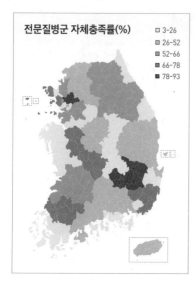

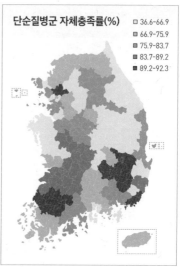

그림2 전문질병군과 단순질병군의 자체충족률 지역 간 비교

수록 더 심화하고 있어서[24] 의료자원의 지역 간 공급 불균형은 더 악화할 것으로 전망되고 있다.

이를 개선하기 위해 그동안 정부는 민간의료기관 위주의 의료공급체계는 그대로 둔 채 수가 조절을 통해 지방의 의료공급 부족 문제를 해결하려 해왔다. 윤석열 정부의 '공공정책수가' 정책 역시 이러한 맥락에서 한 치도 벗어나 있지 않다. 정부에서는 공공정책수가를 '국민의 생명 및 안전과 건강한 삶을 위해 필수의료 분야에 충

---

* 중증도 보정 사망비는 어떤 지역은 중증도가 높은 환자가 많아 사망비가 높게 보일 수 있으므로, 같은 중증도를 갖도록 환자 구성을 했을 때 해당 지역의료기관의 중증도별 사망률을 적용해서 지역 간 사망률 격차를 다시 산출한 것이다. 중증도 보정 재입원비도 유사한 과정을 거쳐 산출한다.

분한 의료서비스가 제공될 수 있도록 행위별수가제의 한계를 보완하는 새로운 건강보험 보상체계'라고 규정하고 있다. 공휴일 야간 응급수술·시술에 대한 수가 가산율 현행 100%에서 150~200%로 확대, 입원·수술에 대한 보상 및 고난도·고위험 수술에 대한 지원 강화, 분만 의료기관에 대한 '지역수가' 및 '안전정책수가' 적용 등이 이에 속한다.

하지만 공공정책수가로는 지방의 종합병원 기능을 제대로 활성화할 수 없다는 분석이 실증적으로 제시되고 있다. 예를 들어 분만 분야 공공정책수가 인상분을 분석해 본 결과, 대부분 광역시 이상의 대도시에 있는 병의원은 분만 건수가 많아 산부인과가 속한 해당 의료기관의 수익 증가로 나타나고 있지만, 도 단위 지역에 있는 의료기관들은 별다른 수익 증가 효과를 나타내지 않았다. 또한 대도시라 하더라도 병원의 수익 증가분이 실제 인건비로 반영될지 의문시된다는 지적[25] 등도 제기된 바 있다.

지역 불평등의 원인은 바로 공공의료 부족

이렇게 보건의료자원의 분포가 지역별로 큰 격차를 보이는 데에는 공공병원 부족이 중요한 요인으로 작용하고 있다. 앞서 봤듯이 한국은 공공병원이 매우 부족한 국가다. 공공병원이 차지하는 비율은,

병원 수 기준으로는 전국 병원의 약 10% 수준이고, 병상 수 기준으로는 전국 병상 수의 약 5% 수준이다. 이 수치는 OECD 국가 가운데 거의 최하위 수준이다. 광역지방자치단체 가운데서도 공공종합병원을 가지고 있지 않은 지자체는 대전시*, 광주시, 울산시, 세종시 이렇게 4곳이며, 다시 전국을 70개 중진료권 단위로 세분화했을 때 공공종합병원을 가지고 있지 못한 중진료권은 23개소에 이른다.

그렇다면 공공병원 부족이 왜 보건의료자원의 지역 간 불균등에 영향을 미치는 것일까? 그것은 민간병원이 수가에 따라 작동하다 보니 인구감소로 절대적인 의료 이용이 감소해 일정한 수요가 형성되지 않는 지역에서는 수가를 올려도 공급이 늘어나는 데 한계가 있는 문제와 연관되어 있다. 오히려 교통 여건이 개선되고 소득 수준이 어느 정도 상승한 지역에서는 주민들이 대도시의 의료기관을 이용하기가 편해져 지역 민간의료기관이 필수의료를 담당하는 것이 더 쉽지 않게 되었다. 한편 이렇게 지역 내에서 이용해야 할 의료를 외부에서 이용하는 것이 당연해지면 가까이에서 치료가 이루어져야 할 재난 및 응급의료는 제 역할을 수행하기 어려워진다. 이처럼 시장 중심의 민간의료체계는 더 이상 지방의 필수의료를 충족시킬 대안이 될 수 없다. 따라서 보건의료 영역의 공공인프라에 대한 투자가 적극적으로 이루어져야 하고, 그렇게 늘어난 공공병원은

---

* 대전시는 2024년 3월 기준 대전의료원 설립을 위한 절차를 정상적으로 밟아가고 있는 것으로 알려져 있다. 과거 2020년 서부산의료원과 서부경남의료원(사실 진주의료원)과 함께 예비타당성 조사를 면제받았다.

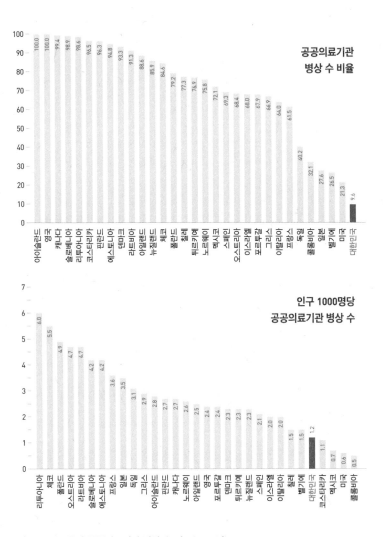

그림3 OECD 국가 공공의료기관 병상 수 비교(2021년)

	2010년		2015년		2020년	
	진료비(억 원)	점유율(%)	진료비(억 원)	점유율(%)	진료비(억 원)	점유율(%)
전체	291,644	100	373,071	100	539,790	100
상급종합병원	25,274	8.7	33,576	9.0	54,014	10.0
종합병원	23,282	8.0	31,807	8.5	49,540	9.2
병원	12,918	4.4	18,405	4.9	26,589	4.9
요양병원	752	0.3	1,062	0.3	1,555	0.3
의원	82,997	28.5	105,541	28.3	154,514	28.6

* 전체 값에는 현 자료에 미포함된 정신병원, 치과병의원, 한방병의원, 보건기관, 약국 등의 수치도 포함

표2   한국의 최근 요양기관 종별 진료비 점유율 변화 추이

수익성이 아닌 공공성 중심의 운영과 평가지표로 작동해야 한다. 또한 필수의료를 지역 자체에서 작동하도록 하는 정책이 이와 함께 제시되어야 한다.

한편 공공병원 부족이 가져오는 또 다른 문제는 바로 일차의료의 약화다. 민간병원의 수익 위주 경영은 외래진료의 확대를 가져오고, 의원과의 경쟁으로 의원에 의뢰하거나 역의뢰하는 체계가 작동하지 않게 만든다. 대표적으로 상급종합병원의 경증환자 진료 비율의 증가를 이러한 현상으로 꼽을 수 있는데, 〈표2〉와 〈표3〉에 제시된 것처럼 상급종합병원을 비롯한 종합병원의 외래진료일수와 수입은 계속 증가한 데 비해 의원의 외래진료일수는 감소하고 있으며 수입은 감소 추세에 있다 최근 상승하고 있다.

의원의 외래진료일수는 감소하는 반면, 수입은 오히려 증가하는 것은 급여진료가 아닌 비급여진료가 증가하고 있기 때문으로 보여 추가적인 조사가 필요할 것으로 판단된다.

	2010년		2015년		2020년	
	일수(천 일)	점유율(%)	일수(천 일)	점유율(%)	일수(천 일)	점유율(%)
전체	1,266,153	100	1,340,397	100	1,419,742	100
상급종합병원	33,181	2.6	36,625	2.7	41,810	2.9
종합병원	49,574	3.9	58,765	4.4	67,507	4.8
병원	48,557	3.8	61,824	4.6	66,597	4.7
요양병원	2,802	0.2	2,965	0.2	3,238	0.2
의원	502,521	39.7	512,380	38.2	540,186	38.0

* 전체 값에는 현 자료에 미포함된 정신병원, 치과병의원, 한방병의원, 보건기관, 약국 등의 수치도 포함

표3 한국의 최근 요양기관 종별 외래진료일수 점유율 변화 추이

한편 이렇게 건강보험 급여진료를 통한 의료비 보상이 줄어든 반면, 의원급 의료기관의 개소 수는 〈표4〉에 나타나 있듯이 매년 증가하고 있다. 또한 이들의 영업이익 역시 꾸준히 증가하고 있는데,[26] 건강보험 진료비 수입 부족을 비필수의료 영역의 비급여진료비 수입 증가로 보충하고 있기 때문으로 보이며, 앞으로 실손의료보험 등으로 인해 그 증가 폭이 더 클 것으로 전망된다. 이러한 건강보험의 일차의료 기능 약화는 주민들이 사는 곳 근처에서 쉽게 질병을 조기 발견하고, 조기 치료를 통해 합병증을 예방할 수 있는 건강돌봄체계의 부실로 이어진다. 이는 또한 부실한 공공의료체계의 부작용으로 볼 수 있다. 따라서 이를 극복하기 위해서는 일차의료와 지

구분	2010년	2015년	2020년
일반의원	2만6,133개소	2만8,690개소 (9.8%)	3만2,690개소 (13.9%) [25.1%]
치과의원	1만4,261개소	1만6,303개소 (14.3%)	1만8,250개소 (11.9%) [28.0%]
한의원	1만1,701개소	1만3,296개소 (13.6%)	1만4,520개소 (9.2%) [24.1%]

( )는 전년 대비 증가율, [ ]는 2010년 대비 증가율

표4 연도별 전국 종별 의원급 의료기관 수 비교

역사회의 통합적인 돌봄체계를 지원하고 연계하는 공공병원의 확대 및 강화가 무엇보다 필요하다.

혹자는 지방에 의사들이 가지 않는 이유를 건강보험 수가 문제로 이해하고 수가를 올리면 의사들이 지방으로 갈 것이라고 이야기하는 경우가 있다. 하지만 수가는 병원 내에서 이루어지는 진료에 투입되는 자원을 토대로 산정된다. 그런데 지방에서는 의사들이 특정 분야 진료만을 담당하는 경우가 많아 전문성을 축적하기 힘든 측면이 있다. 따라서 대도시 대형병원의 진료 자문 및 순회진료도 필요하며, 교육훈련 역시 병행되어야 한다. 의료의 지역 불평등 문제는 단순히 수가 문제로 수렴될 수 없기 때문에 종합적인 대책을 필요로 한다.

의료비 급등,
막을 길 없는 재난적 의료비 지출

공공의료 부족 현상은 또 다른 측면에서 한국 사회에 큰 문제를 일으키고 있다. 바로 건강보험 진료비 수입 증가는 상급종합병원으로 쏠리는 반면, 비필수의료 영역의 비급여진료 수입 증가는 의원급 의료기관에 집중하는 현상이 나타나고 있는 것이다. 따라서 상급종합병원의 대형화(분원을 통한 대형화 포함) 현상이 가속화되고, 의원급

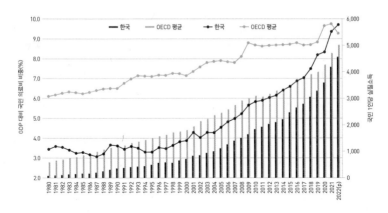

그림4 한국의 GDP 대비 국민 의료비 비중과 OECD 수치 비교

의료기관의 개원도 비급여진료비 수입 증가로 인해 비필수의료 분야로 확대될 가능성이 있다. 이는 결국 지역에서 허리 역할을 하는 중소병원과 건강보험 급여진료를 착실히 수행하는 일차의료의 기능을 위축시킬 수밖에 없다. 이러한 수도권으로의 의료 쏠림 현상과 상급종합병원 중심의 의료 이용량 증가 경향은 결국 한국의 의료비 증가 속도를 가속화하고 있다. 그리고 이 문제는 건강보험의 공적 보장률 감소로 이어지고 있다. 2022년 기준 한국의 의료비는 약 209조 원으로 GDP 대비 9.7%를 차지하고 있는데, 이는 OECD 회원국들과 비교했을 때 증가 속도 면에서 매우 빠른 편이며, 심지어 OECD 평균을 추월한다.

더 심각한 문제는 이처럼 빠르게 상승하는 의료비를 낮출 가능성은 별로 보이지 않는다는 점이다. 그 이유는 의료비 지불제도로 행위별수가제(의료행위별로 가격을 책정해 진료비를 지불하는 제도)를 유지하면서 비급여진료비 증가로 수익을 볼 수 있는 체계를 방치하고 있고, 의료공급은 시장 중심의 민간의료 영역에 그대로 의존하고 있기 때문이다. 더군다나 건강보험에서도 공적 보장(정부 재정+사회보험료) 비율은 낮은 편이다.* 이는 모두 비급여진료 영역에 대한 조치를 정부가 제대로 취하지 않고 있음을 여실히 보여주는 지표다.[27]

건강보험 보장성을 높이기 위해서는 일부 비급여인 필수의료서비스 영역을 급여화하고, 급여가 되어 있어도 충분히 보상받지 못하는 영역을 찾아 급여 보장성을 높여야 한다. 또 급여 보장이 이루어지고 있는 영역에 대한 서비스 질을 개선하여 실질적인 국민 건강 수준을 향상시켜야 한다. 그러려면 건강보험 보장성을 강화하기 위한 정책을 속속들이 이해하고 이를 해결할 수 있는 의료기관 및 지방자치단체와 파트너십을 형성해야 한다. 그런데 의료기관 대부분이 민간의료기관이고, 현재의 낮은 보장성 때문에 건강보험공단과 정책적으로 협력하는 것이 쉽지 않다 보니 이러한 공적 보장성을 높이려는 정책이 제대로 실현되지 못하고 있다. 그 대표적인 예로 '간호간병통합서비스'를 들 수 있다. 건강보험공단은 전국에 있는 병원이 '간호간병통합서비스'를 시행해 간병인이나 보호자 없는 병원이 되도록 관련 정책을 추진해 왔다. 하지만 각 병원에서는 간

---

* 2021년 건강보험 보장률은 64.5%로 목표치인 70%에 훨씬 미치지 못하고 있으며, 2020년 건강보험 보장률인 65.3%에도 미치지 못하고 있다. e-나라지표, '건강보험 재정 및 급여율' 참조.

호간병통합서비스의 수가 수준이 현실적인 서비스 보장을 하기에 부족하다 보니 이에 관한 이해타산을 따져 쉽게 전체 병원으로 확산하지 못하고 있는 실정이다. 더욱이 일부 병원에서는 제도를 시행하고 있지만, 주로 퇴원할 환자들을 중심으로 간호간병통합서비스 병원에 배치해서 병동회전율을 높이거나, 병원인력을 더 배치하는 방식으로 병원의 수익극대화를 꾀하는 현상까지 발견된다. 결국 병원 경영 사정을 신경 쓰느라 국가 차원에서 반드시 시행해야 할 간호간병통합서비스는 제대로 추진되지 못하고 있는 것이다.

또 다른 사례도 있다. 다양한 만성질환을 겪고 있는 환자에게 다약제 처방을 하지 못하도록 환자에게 의약품을 처방할 때 '의약품 안전 사용 서비스Drug Utilization Review, DUR'를 조회할 수 있도록 하는 정책을 추진하고 있다. 이는 건강보험심사평가원에서 관련서비스를 제공하는데, 지역의사회와 협력해서 최대한 중복되는 약제 처방을 줄이도록 시범사업을 계획하고 있다. 이 역시도 의료기관 한 곳의 협조만으로 추진되기 어렵기 때문에 난항을 겪고 있다.

이처럼 필수의료서비스이지만 건강보험 보장성을 높여야 하는 영역 대부분은 병원 내의 여러 부서와 병의원 외부기관, 그리고 관련 행정 부서와의 협력을 필요로 한다. 또한 이런 필수의료서비스를 위한 지원금 등은 다른 진료과의 보장성 확대에 들어가야 할 비용을 감축해 마련하는 것이 아니라 이와 별도로 추가 확대해서 집행하는 것이 필요하다. 앞서 살펴봤듯이 한국 건강보험의 공적 보장은 OECD 평균에 여전히 미치지 못하고 있고, 그 간극 또한 좁혀지지 않고 있기 때문에 공적 의료체계에 대한 재정 여력은 아직 높다고 할 수 있다.

동시에 건강보험의 낮은 보장성에 만족하지 못하는 의료공급자는 필수의료와 별 관련 없는 의료기술을 권유하거나 미용 등의 비급여진료량을 늘리고, 비교적 보장성이 높은 검사를 많이 행하는 방식으로 수익을 극대화하고 있는 것이 현실이다. 거기에 실손의료보험이라는 민간보험이 적용되는 비필수의료 진료와 건강보험 급여진료가 혼합되어 진료비가 늘어나고 있는 것도 현실이다. 이처럼 빠른 의료비 증가에 비해 건강보험의 공적 보장 비율이 낮은 문제는 결국 환자들의 본인부담금이 늘어나는 결과를 초래해 소득 대비 본인부담의료비(진료비+보험료) 비중이 증가하게 된다. 이러한 문제는 재난적 의료비 지출(일반적으로 소득에서 본인부담의료비가 차지하는 비율이 40% 이상인) 가구의 비율이 높아질 가능성을 시사하는 것으로, 실제 OECD 통계에서는 총 가구 소비에서 의료비가 차지하는 비율이 한국이 가장 높으며, 재난적 의료비를 지출하는 가구는 전체 가구에서 7.5%를 차지하고 있어 OECD 평균을 상회한다.[28] 또 재난적 의료비 지출 가구는 저소득계층일수록 높으며, 전국재정패널조사 결과 저소득계층에서 그 비중이 증가하고 있는 것으로 나타났다.[29] 이러한 경향은 향후 더욱 심화될 것으로 예상된다. 더불어 가장 가까이에서 건강돌봄을 제공하는 일차의료의 건강보험 급여

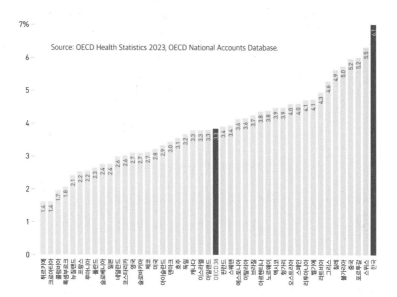

그림5 총가구 지출에서 의료비 본인부담 비율

영역의 축소와 지방에서 필수의료를 제공하는 중규모 종합병원의 위축 등도 초래될 것으로 전망된다.

전례 없는 한국 사회의 저출산·고령화 경향으로 인해 지방 소멸과 기후위기로 인한 신종감염병 및 자연재난 발발 가능성이 그 어느 때보다 높은 상황이지만, 한국 사회의 의료 현실은 살펴본 바와 같이 이에 대한 대비가 전혀 되어 있지 않다. 의료재난을 불러온 근본 원인인 시장 중심 의료공급구조를 변화시키지 못한다면, 닥쳐올 어쩌면 이미 시작된 의료재난을 결코 막을 수 없을지도 모른다.

의사는 공공의료를 구성하는 중요한 의료자원이자 사회보험에서 문지기gatekeeper 역할을 수행해야 하는 주체입니다. 문지기란 의료 전달체계가 정립된 국가에서 일차의료 담당자에게 부여되는 기능으로, 영국과 같이 공공 통합형 모델에서는 일차의료 담당자인 주치의가 문지기 기능을 담당하고, 사회보험제도가 근간인 독일 같은 국가에서는 일차의료 담당자인 계약 의사가 이 기능을 담당합니다. 문지기는 의료 이용자의 합리적 선택을 유도하고 불필요한 의료 이용을 관리할 수 있어서 의료재정 관리에 기여할 수 있습니다.[30] 그런데 한국의 의사들은 이러한 문지기 역할을 전혀 수행하고 있지 않습니다. 한국에서 의사는 어떤 사회적 의미를 요청받고 있을까요?

2024년 총선을 앞두고 윤석열 정부는 의대 정원 2000명 증원을 발표했습니다. 2021년 기준 한국의 한의사를 포함한 임상의사 수는 인구 1000명당 2.6명으로, OECD 국가 중에서 두 번째로 적습니다. OECD 평균 의사 수는 3.7명이고, 오스트리아는 5.4명으로 임상의사 수가 가장 많은 국가입니다.[31] 국제 비교와 사회적 필요 측면에서 봤을 때 의사 증원은 필요합니다. 하지만 어떤 목적과 방법으로 의사 증원을 진행할 것인지에 대해서는 보건의료의 공공성 측면에서 살펴보아야 합니다.

2020년 문재인 정부 시기, 코로나19 범유행을 거치면서 공공의료 공백을 메우기 위한 인력 증원 필요성이 제기된 바 있습니다. 그렇다면 우선 공공의료체계를 어떻게 변화시켜 재편해 갈 것인지에 대한 국가의 장·단기 계획과 재정 계획이 세워져야 하고, 이러한 계획에 맞춰서 어떻게 의료인력을 사회적으로 양성해 나갈 것인지에 대한 논의가 이루어질 필요가 있습니다. 그런데 당시 정부는 '국립공공보건의료대학' 설립을 통해 매해 400명씩, 10년간 총 4000명을 증원하겠다고만 발표했습니다(참고로 당시에 전국 의과대학은 40개로, 입학정원은 총 3058명이었습니다. 2006년 이후부터 2020년까지 14년째 동결상태였습니다).

의료시장의 영리 추구 경향을 개선할 방안은 제시되지 않은 채 의대 정원을 늘리겠다는 계획은 의사들에게 지금까지 누리던 '특권'을 빼앗는 것처럼 보였을 수 있습니다. 이에 전공의와 의대생들은 이제까지 보지 못했던 공공의대에 반대하는 집단행동을 공론의 장에서 거침없이 보였습니다. 정부 야당이었던 국민의힘 원내대표 주호영은 전국의사총파업 사태를 두고 정부와 여당의 사과를 촉구하며, "의료계와 협의 없이 불요불급한 의대 정원 증원 등 의사 증원 정책을 강행하다가 평지풍파를 자초했다"라며 유감을 표했습니다. 더불어 건강보험 보장성 강화 정책, 즉 문재인 케어로 국민건강 보험 재정의 지속 가능성에 위기를 초래한 포퓰리즘 정책의 전형이 라고 비판하기도 했습니다.[32]

'그때는 틀리고, 지금은 맞는 것인지' 아니면 '네가 하면 틀리고, 내가 하면 맞는 것인지' 당최 종잡을 수 없지만, 결국 2024년 2월 윤석열 정부는 2025년부터 5년 동안 의대 입학정원을 2000명씩 추가로 늘려 연간 총 5058명을 선발하겠다고 발표했습니다. 이번 에는 화끈하게(!) 한 번에 연간 2000명을 늘리겠다는 계획입니다. 2020년 국민의힘 주호영 당시 원내대표가 문재인 정부에게 촉구했 던 의료계와의 협의는 전혀 없었고, 결국 이번에도 또다시 대다수 전공의와 대한의사협회(의협)는 집단행동에 나섰습니다.

중요한 것은 윤석열 정부의 일방적인 숫자 밀어붙이기로 의대 정 원은 증가할 수 있지만, 이는 결코 공공의료 강화로 연결될 수 없다 는 점입니다. 맞닥뜨린 의료재난은 단번에 2000명의 의사를 증원하 는 것으로 해결될 수 없습니다. 영리의료 중심의 의료구조가 계속 된다면, 지금도 인력난을 겪고 있는 공공병원이나 지방의료원으로 의사들이 취업하려고 할까요? 이들은 서울과 수도권이 아닌 지역 에서 개업하고 싶을까요? 소위 말하는 필수의료 영역을 선호할까 요, 아니면 자유롭게 수익을 취할 수 있는 성형이나 피부과 같은 비 필수의료 영역을 선호할까요? 이들은 민간의료 중심의 의료구조가 지속되는 상황에서 과연 공공의료 개념을 지닌 의사로 성장할 수 있을까요?

국가와 사회가 영리 추구를 욕망하는 의료체계를 변화시키지 못한다면, 그리고 엘리트 교육시스템이 계속 유지된다면, 의사들의 보상심리와 영리 추구는 그들에게 공정한 것으로 여겨질 것입니다. 이것이 이제까지 신자유주의 이후 한국 사회가 청년들에게 심어놓은 능력주의이고 공정입니다. "뼈 빠지게 공부한 사람, 그 어떤 구애 없이 부자가 되라." 임금 소득으로 이뤄낼 수 없는 부를 축적한 일부 검사나 관료, 그리고 전관 변호사 등 우리 사회 전문직 일부의 왜곡된 특권에 대해, 마치 능력인 것처럼 인정해 왔습니다. 이러한 사회적 분위기에서 의사들은 부를 추구하는 것에 구애되지 않았고, 도리어 이를 의사가 되기 위한 노력에 대한 보상으로 여겼을 수도 있습니다. 그러나 의료공급자가 공공의료체계 내로 편입되지 않은 채 사업자 혹은 잠재적 자본가로 존재한다면, 의료대란은 반복될 수밖에 없습니다. 의업을 돈벌이로만 취급해 온 경로의존성에서 벗어나야 합니다. 전문가집단의 왜곡된 능력주의로 자유롭게 부를 축적하는 것이 전 사회적으로 어떤 불공정을 만들어 낼 수 있는가에 대한 사회적 논의가 필요합니다.

의료의 공공성을 높이기 위해 의대생 선발 과정이나 교육과정, 그리고 진료 현장과 공공인프라에 재정을 투자한다면, 유럽 국가의 의사들처럼 한국 의사들도 공공의료의 일원으로 자리매김하여 필요한 만큼의 자율권을 행사하고 전문성을 십분 발휘할 수 있을 것입니다. 이제는 낡기만 한 선서로 보이지만, 의사의 직분을 겸허하게 돌아보게 하는 다음과 같은 맹세를 잊지 않았으면 좋겠습니다.

"… 가능한 한 질병을 예방하겠습니다. 예방이 치료보다 낫기 때문입니다. 내가 병약한 사람뿐 아니라 건전한 마음과 몸을 지닌 모든 동료 인간들에 대한 특별한 의무를 갖는 사회의 일원임을 명심하겠습니다. …"

〈히포크라테스 선서: 1964년 루이스 라자냐가 작성한 현대판 선서〉에서

3장

어쩌다 한국 사회는
영리의료에
중독되었나

5 의료공급의 시장화 역사

한국 의료의 감염질환에 대한 대응능력은 이미 여러 차례 심각한 문제를 드러냈다(1장 1절 참고). 또한 이런 재난 상황에서도 한국의 보건의료산업 자본은 위기를 기회로 활용해 의료영리화와 각종 민영화를 시도해 왔다(1장 2절 참고). 그런데 이렇게 의료 부문을 시장화하고 공적 의료공급을 축소할 수 있었던 토대는 한국이 전 세계에서 보기 드물 정도로 심각한 수준의 시장 의존적 의료를 공급하고 있기 때문이다(2장 참고). 한국의 의료공급이 이렇게 민간 주도로 이루어진 까닭에 대해서는 다층적으로 접근할 필요가 있겠으나, 가장 큰 문제는 역사적·사회적 토대에서 생긴 경로의존성 때문이라고 할 수 있다. 경로의존성path dependency이란 특정 제도나 정책이 지속되는 이유를 설명하기 위해 광범위하게 사용되는 개념으로, 광의적으로는 이전 단계와 이후 단계의 인과적 관련성으로 인해 이전 사건이 이후 시점에 영향을 미치는 것을 말한다. 협의적으로는 특정 정책을 비용 문제로 선택하지 않거나 기존 정책의 견고성으로 인해 새로운 선택을 허용하지 않을 때 사용하기도 한다.[33] 그렇다면 지금 부터는 한국 사회가 어떻게, 그리고 왜 영리의료에 중독되어 갔는 지 그 과정을 살펴보도록 하자.

일제의 차별과 민간개업의 악순환

한국의 근대적 의료공급은 대체로 일제강점기에 시작되었다. 일제 는 서구 의료를 식민지 지배의 도구로 활용함과 동시에 일본제국주 의(이하 일제)의 우수성을 드러내는 수단으로 이용했다. 하지만 일제 에게 조선인은 일본 국민이 아닌 '식민지인'에 불과했기 때문에 이 런 서구 의료의 혜택은 선전용으로 활용되었다. 따라서 그 혜택은 일부만 누릴 수 있었다.

우선 한국으로 넘어온 일본인을 위한 병원이 만들어졌는데, 다름 아닌 일본군 주둔 지역과 재조선일본인을 위해 설립된 '자혜의원' 과 일부 관립병원들이 그것이다.* 자혜의원은 현재 40여 곳에서 운 영되고 있는 지방의료원의 전신이고, 조선총독부의원은 서울대학

---

* 1909년 12월 전주, 청주, 1910년 1월 함흥에 각각 설립된 자혜의원은 이듬해인 1910년 10곳이 증설되면서 도마다 1개씩 총 13곳이 설립되었고, 1922년 남원, 순천, 군산에도 세워졌다.

그림6 1909년 8월 21일 대한제국 칙령 제75호 〈자혜의원관제慈惠醫院官制〉에 근거해 1909
년 12월 최초 설립된 '전주 자혜의원'

교병원의 전신이며, 주요 관립병원들도 적십자병원 등으로 계승되
었다. 그런데 지금 찾아봐도 일제가 만든 병원 외에는 새로 만든 공
공병원이 거의 없다. 현재의 공공병원이 대부분 일제가 만들고 간
잔재라는 것인데, 이는 식민지 시기 이후에는 의료 대부분이 민간
공급이었다는 사실을 방증한다. 물론 일제강점기에 조선인은 공공
병원을 거의 이용하지 못했는데, 제일 큰 문제는 비용 때문이었다.

일례로 1929년 조선인 노동자의 평균 일당은 1~2.5원에 지나지
않았으나, 조선총독부의원의 평균 진료비는 입원 2000원, 외래진
료 700원 정도로 조선인 대부분은 감당할 수 없는 수준이었다. 조선
인에게 의사를 만난다는 것은 막대한 부담이었으므로, 그들 대부분
은 의생(현재의 한의사)에게 진료를 받았다. 메이지유신 이후 일본은

자국에서는 단일 의사면허제에 근거해 서구 의학에 기초한 의료공급만을 인정했지만(일본은 한의사제도가 없다), 식민지 조선에서는 의생인 한의사의 면허를 유지했다. 이는 결국 조선인에 대해서만 이중적인 진료체계를 방치한 셈이 되었다. 이러한 이중구조는 조선인 의사도 대부분 일본인이나 부자 조선인만을 대상으로 진료하는 상황으로 귀결되었다.

식민지에서 현대 의학을 기초로 한 '의업'은 결국 부자들을 위한 사업으로 전락했다. 특히 조선인 의사들은 의과대학이나 병원에서도 차별을 받아 오래 남아 있을 수 없었다. 그 결과 대다수의 조선인 의사는 '개업'을 하게 된다. 이는 현재 한국에서 벌어지고 있는 개업을 중심으로 한 민간의료공급의 시발점이 된다.

일본은 단일 의사면허제에 기반한 국민의료공급을 전면에 내세운 결과, 현재도 일본의사협회는 "국민 누구에게나 평등한 의료공급을 제공함을 최우선으로 한다"[34]라는 기본 합의를 유지하고 있다. 그러나 한국은 개업자율권을 인정하고 식민지 시기 잔재인 부유한 계층에 대한 의료공급을 아무렇지 않게 생각하는 토대 위에서 의료공급이 발전하게 된다. 연구자들도 이를 두고 "조선인 의사들은 일제 지배정책의 강한 영향으로 말미암아 임상 분야로의 치중, 개업의의 높은 비율, 강한 개인주의 성향, 계서화階序化 등의 특징을 지녔다"[35]라고 분석한 바 있다.

이런 상황에서 식민지 시기 병원은 대부분 공공병원이었고, 의원은 민간에서 운영되었다. 그런데 해방 이후에는 개업 의원이 자본을 축적하여 병원으로 진화했다. 반면 국가는 공공의료에 아무런 투자를 하지 않는 상황이 지속되면서 공공병원의 비중은 날로 줄어들게 되었다. 하지만 이런 현상이 고착화하는 데 큰 영향을 미친 것은 한반도의 분단과 한국전쟁을 기점으로 격화된 이념논쟁이었다.

의료공급을 둘러싼 이념논쟁과 한국전쟁

제2차 세계대전이 종식되고 한반도가 해방되자 서구 유럽은 물론 미국 사회까지 들썩이게 했던 사회 대개혁의 바람이 한국에도 불어닥쳤다. 하지만 미·소 냉전 구도와 한반도의 분단은 이런 사회 개혁의 과제를 이념전쟁으로 비화시켰다.

한국에서도 당시 의료공급을 어떤 방식으로 해야 하는지에 대한 논의가 여러 측면에서 이루어졌다. 대표적으로 '민주주의민족전선(민전)'은 의료제도를 '국립병원-협동조합병원-개인 개업의'라는 삼중구조로 조직하자는 의견을 냈다. 국립병원과 일제강점기의 관립·공립병원을 유지하고, 일본인 소유의 큰 병원은 국립화하는 〈병원 공공화 방안〉을 기본 축으로 제시했다.[36]

하지만 해방 이후 냉전 구도 속에서 남한의 분위기는 급속도로 우경화되었고, 병원 공공화 방안은 '소련의 주장'으로 공격받았다.

특히 북한에서 의사들의 거의 70%가 이남[37]하면서 의사의 보수화가 가속화되고 반공주의적 결집이 강해졌다. 이념적으로는 '미국식 의료는 자유 개업의'가, '소련식 의료는 국영의료'가 대표하는 것으로 이해되면서 의료의 공적 공급 계획은 사회적 논의에서 삭제되었다. 당시 대중 사이에서는 일제가 남긴 적산敵産을 국가가 귀속하듯 일본인 병원에 대한 국가 관리 요구가 압도적이었으나, 결국 미국식 개업제도를 지지하는 미군정청 보건후생부장이었던 이용설*의 승리로 귀결되었다. 그리고 얼마 되지 않아 한국전쟁이 발발한다.

한국전쟁은 한반도 전체를 초토화하는데, 이 와중에 한국은 모든 사회서비스를 논의조차 할 수 없는 빈곤국으로 전락한다. 한국전쟁 이후 의료공급체계가 일부만 남게 되자 한층 더 의료공급은 시장에 맡겨졌고 민간 개업자율권이 공고화되었다. 그 결과 의료공급의 지역 불균등은 1950년대부터 한국의 고질적 문제로 자리매김한다. 인구의 80%가 농촌에 있었던 1950년대조차 개업의의 60% 이상이 도시에 집중되어 있었다. 또한 국가의 중앙의료원인 국립중앙의료원(당시에는 국립의료원)조차 자체 재원이 없어 스칸디나비아 국가의 원조로 설립된다.

2020년이 되어서야 국립중앙의료원의 현대적 재건축과 이전을 논의하게 되었다는 것은 해방 이후에 공공의료공급이 얼마나 미약

---

* 이용설은 세브란스 의학전문학교 출신의 내과 의사로, 1941년 친일로 전향해 '친일반민족행위자'로 활동했다. 해방 이후 미군정 초대 보건후생부장, 제2대 국회의원, 세브란스 의과대학 총장을 역임하면서 한국 의료시스템 구축에 큰 역할을 했다.

그림7 1958년 11월 한국 정부와 스칸디나비아 3국의 공동운영체제로 개원한 국립의료원

했는지를 잘 보여준다. 무엇보다 현재 논의 중인 국립중앙의료원의
현대화 사업도 결국 삼성 이건희 회장의 사후 기부금에 상당 부분
의존하고 있다는 사실은 공공의료의 난맥상을 여실히 보여준다.[38]
이런 상황에서 일부 개업의는 자본을 축적해 의원에서 병상이 있는
병원으로 발전해 간다. 이 때문에 의사단체와 병원단체는 사업주
연합의 성격을 더 강하게 띠게 되었다. 1966년에 이르러서는 서울
의사회가 임시대의원대회를 개최해 소득세 인하를 건의하기로 결
의했고, 만약 소득세를 낮추지 않으면 휴진도 불사한다는 의결[39]을
하기도 했다. 이미 서울시의사회가 사업가 모임이 된 셈이었다.

1960년대를 거치면서 고도성장기가 도래하고 이촌향도 현상이
만연하지만, 의료공급의 시장화 경향은 변화하기는커녕 훨씬 가속
화되었다. 이를 상징적으로 보여주는 사건이 1968년 서울에 건립된

당시 가장 '매머드급' 병원인 고려병원(현 강북삼성병원)의 건립이었
다.[40] 고려병원은 1968년 삼성 이병철 회장의 사위였던 조운해 원장
의 개인병원이었다. 당시 의료법인 등의 법률이 없었음에도 불구하
고 재단법인도 아닌 개인병원을 재벌 일가가 소유하는 최고 병원으
로 만들었다는 사실은 의료공급의 시장 의존성을 명징하게 보여주
는 또 다른 사례라고 할 수 있을 것이다.

민간의료공급과 의료보험,
승승장구하는 민간병원들

건강보험 도입 이전에는 대부분의 시민이 의료수요를 약국이나 자
가치료로 해결하고 있었다. 의료비가 너무 비쌌기 때문이다. 이런
문제로 인해 차일피일 미루어지던 건강보험의 도입은 1977년 직장
건강보험으로 시작된다. 건강보험이 도입된 것은 여러 가지 이유
때문이었으나 핵심적으로는 당시 의료수요가 증가함에도 불구하고
높은 비용 때문에 병원을 이용하지 못하는 것에 대한 대중적 불만
이 컸고, 그에 따라 대중투쟁이 발발한 것으로부터 큰 영향을 받았
다. 여기에 노동 재생산 측면에서 산업자본, 특히 숙련노동이 필요
한 산업 측의 요구도 상당 부분 작용했다. 그런데 문제는 이러한 사
회적 요구에 비해 박정희 정부는 너무 늦은 시점에 의료보장제도를

일부만 도입했다는 점이었다. 그리고 이조차도 국가 책임을 방기하고 가입자가 보험료를 전부 부담하는 수익자부담 원칙을 고수했다. 이런 사회보험 재정전략은 향후 두고두고 심각한 재정 논란을 불러일으키는 시발점이 된다.

당시 도입된 직장건강보험이 매우 불안정했음에도 불구하고 의료수요는 폭발적으로 증가한다. 그런데 늘어난 의료수요에도 박정희 정부는 의료공급 부분에서 공적 책임을 강화하는 것이 아니라 자유방임 정책을 추진한다. 1977년 한 해에만 이전 20년간의 병원 투자액을 넘어서는 수준의 병원 건립 및 시설 투자가 이루어진다. 직장건강보험 도입 전후 시기를 비교해 보면 1970년에는 인구 10만 명당 병상 수가 53개였지만 병상이 부족하지 않은 것에 비해 1979년에는 병상 수가 166개로 증가했는데도 대도시에서는 병상 가동률이 100%를 충족하면서 병상을 만들면 환자가 곧바로 채워지는 상황이 발생한다.

특히 박정희 정부 시절부터 독일 등 해외 차관을 들여와 민간의료기관에 병원 설립자금을 대출해 주는 방법으로 병상 확대를 부추긴다. 대표적으로 1978년 현재의 부산백병원이 건립되었고, 1979년에는 백병원에 기반한 인제대학교에 의과대학을 허가해 준다. 이와 함께 정부는 순천향병원에도 순천향의과대학을 허가한다(순천향대학교는 천안에 병원을 건립한다). 고려대학교도 1979년 제2병원으로 서울시 구로구에 고려대학교 구로병원을 기공한다. 이길여 산부인과

그림8 1989년 7월 1일 열린 전국민의료보험 기념식

로 자본을 축적한 이길여도 1978년 의료법인을 설립하고 인천 최초의 종합병원인 길병원을 건립한다.

하지만 민간병원과 개업의들이 직장건강보험 환자를 환영하기만 한 것은 아니었다. 그리고 직장건강보험은 공무원, 교사, 대기업 직원 등에 국한된 가입 제한이 있었을 뿐 아니라 의료보험 외 진료, 즉 비급여진료를 혼합해서 할 수 있도록 열어두었다. 병의원은 초과수익을 거둘 수 있는 비급여진료에 이때부터 열을 올리기 시작한다. 특히 개업의들은 그간 임의로 받던 진료비(굴신제 수가sliding scale of fees)에 비해 의료보험 수가가 낮게 책정되었다고 불만을 품었고, 이런 불만을 환자에게 투영해 비급여진료의 부담을 모두 환자에게 지우려고 했다.

영리적 의료행위에 대한 세간의 질타에도 불구하고 병의원은 미충족 의료 문제로 의료수요가 계속 증가하면서 승승장구하게 된다. 특히 1980년대 민주화 투쟁과 1987년 노동자 투쟁의 산물로 건강보험이 전국민대상보험으로 바뀌자 다시금 거대병원이 늘어날 계기가 마련된다. 1987년 현대그룹이 서울아산병원을 당시로서는 최고인 1200병상으로 착공한다. 2년 후인 1989년 서울아산병원이 개원함에 따라 '재벌병원'들의 병상 경쟁이 본격화된다.

당시 재계 3위였던 대우그룹도 1989년 수원에 600병상의 아주대학교병원을 허가받고, 재계 1위인 삼성그룹도 1990년 4월 1000병상의 삼성서울병원을 허가받으면서 본격적으로 병상 경쟁이 재벌들 사이에서 벌어진다. 특히 종합전문의료기관(현재 상급종합병원)에 부여되는 30% 진료비 가산(현재 종별가산)과 차등 병실료, 특진료 등은 대형병원에 경영상 유리한 구조를 만들어 주었고, 이는 병원 대형화를 부추겼다. 이런 민간의료공급의 가파른 팽창에도 불구하고 의료전달체계는 도입되지 않았다. 오로지 환자들의 본인부담금만 차등화해 실제 지불능력을 갖추면 병원 이용에 제약을 받지 않게 되었다. 즉 대형병원으로 가는 장벽이 없어진 것이다. 그 결과 대형병원으로의 환자 쏠림 현상은 날이 갈수록 가속화되었다.

전국민건강보험 도입 시점 전후인 전두환, 노태우, 김영삼 정권은 의료공급은 여전히 민간병원이 주도하면 된다는 시장주의 원칙을 고수했다. 의사들도 개업을 기반으로 준종합병원으로 상당수가 진입해서 자본가적 위치를 점유하고 있었기 때문에 공공의료를 강화하자는 주장은 극소수의 '사회주의 의료전략'으로 폄훼되었다. 만약 직장건강보험 도입 시기와 전국민건강보험 도입 시기에 정부가 최소한의 지역거점 공공병원이라도 건립하고 이에 투자했더라면, 현재 벌어지고 있는 한국 의료의 난맥상은 상당 부분 해소될 수 있었을 것이다. 하지만 역대 모든 정부가 실제로는 공공병원 하나를 건립하지 못했는데, 이는 의료공급은 시장에 맡기면 된다는 얄팍한 경제관념 때문이기도 했지만 일제강점기부터 이어져 온 이중적인 의료공급구조에 대한 경로의존성에서 벗어나지 못한 결과이기도 했다.

요약해 보면 한국은 식민지를 거치면서 일본인과 식민지 조선인 사이의 차별적인 의료공급구조two-tier system에 기반한 근대 의학체계를 갖추었고, 이는 해방 이후 한국전쟁 속에서 지불능력을 기반으로 한 이중의 의료공급구조two tier healthcare로 변용되었다. 또한 급속한 산업발전과 경제개발을 이루면서도 풍부한 산업예비군을 보유한 탓에 재생산 비용을 개인에게 전가하면서 의료공급에 대한 공적 책임을 회피할 수 있었다. 만약 노동력이 부족했다면, 의료복지 차원으로라도 공공병원을 더 설립하려 했을 것이며, 국민건강보험의 보장성이 일본이나 유럽 국가 수준까지 도달할 수 있었을 것이다. 하지만 노동력이 충분했기 때문에 소득 격차와 거주지역에 따른 극심한 의료공급 불평등을 그대로 방치했고, 의료공급자는 복지제도 내로 편입되지 못한 채 여전히 사업자로 방치되었다.

이는 한국에서 '의료업'이 돈벌이로 인식되는 역사적 배경이자 경제적 이해관계를 우선시하는 의사 사회의 이념적 토대이기도 하다. 또 현재 벌어지고 있는 의료파업의 근본적 배경이기도 하다. 그렇다면 국민건강보험은 어째서 의료보장을 위한 제 기능을 발휘하지 못한 채 주변화되고 말았을까? 그 원인을 지금부터 국민건강보험의 역사 속에서 찾아보도록 하자.

6 뒤늦은 의료보장제도 도입과 제도의 식물화

의료보장제도의 의미와 한국의 특징

국민건강보험은 한국의 대표적인 의료보장제도로서 보편적으로 모든 국민의 출생부터 사망까지 함께하는 제도다. 의료보장제도는 국민의 건강권을 보호하기 위해 요구되는 필수 보건의료서비스를 국가와 사회가 제도적으로 보장하는 것으로 국민건강보험, 의료급여, 산재보험이 포함된다.

의료보장체계와 그에 따른 사회제도는 국가마다 다르지만, 제2차 세계대전 종전 이후부터 대부분의 서구 국가에서 개인과 가족에게 맡겨졌던 부양의 책임을 사회적 책임으로 전환했다는 점은 공통적이다. 즉 출산, 질병 및 부상, 재활과 치료, 사망, 그리고 예방과 건강증진 등을 위한 보건의료서비스를 구축하고, 시민들이 이러한 서비

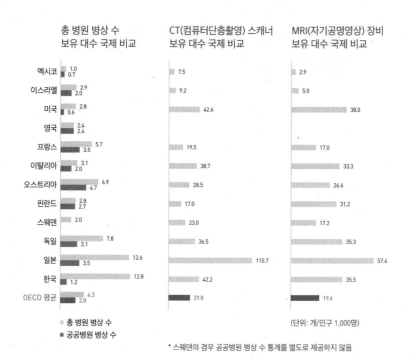

그림9 총 병원 병상 수와 CT(컴퓨터단층촬영) 스캐너, MRI(자기공명영상) 장비 보유 대수 국제 비교(2021년)

스에 대한 접근권을 보장받을 수 있도록 의료보장체계를 마련하는 것이 현대 국가의 책임이 된 것이다. 그런데 한국의 의료보장체계는 뒤늦게 마련됐을 뿐 아니라 사회적 부양을 위한 공적 체계와 적절한 보장 수준을 여전히 달성하지 못하고 있다. 그 결과 의료재난을 예방하지 못했고, 의료재난 상황에서 발생한 재정 부담과 여러 가지 문제를 겨우겨우 해결해 나가는 데 급급했다.

국가와 사회는 일상적인 생활에서뿐만 아니라 범유행과 같은 재난 상황에서도 의료공백을 최소화하기 위한 책임을 다해야 한다. 그런데 세계에서 가장 많은 병상과 상급병원, 고가의 의료장비를 보유하고 있는 대한민국에서(그림9 참고) 의료공백이 발생하는 상황을 어떻게 이해해야 할까? 이 질문에 답하기 위해서는 국민건강보험의 역사적 특징을 우선 살펴보아야 한다.

한국 사회는 일제강점기, 한국전쟁, 장기간의 군사독재를 거치면서 사회 민주화가 20세기 후반에야 달성됐다. 뒤늦은 민주화의 영향으로 20세기 후반에 이르러 노동자의 정치세력화가 가능해졌다. 이는 19세기 중·후반에 노동조합이나 노동자계급 정당을 이루어 냈던 유럽의 상황과는 대조적이다. 더욱이 한국 노동자계급의 사회적 권력은 잠시 성장하는 듯했지만, 1997년 경제위기 이후 신자유주의 체제로 전환하면서 급격하게 위축되었다. 이 과정에서 자본가와 노동자 간의 계급 타협은 실현되지 못한 채 신자유주의 체제의 모순에 대응하기 위한 수단으로 복지국가가 수립되었다.

한국 사회에도 사회적 부양을 위한 사회보험이 도입되었지만, 사회보험에 대한 국가와 자본의 책임은 매우 소극적이었다. 그 결과 시민과 노동자에게 부과되는 재정 책임은 꾸준히 늘어갔고, 이를 뒷받침하기 위해 수익자부담 원칙만이 강조되었다. 그러나 초저출생·초고령사회에서 증가할 수밖에 없는 사회부양 비용은 가입자들의 보험료 인상만으로 감당하기 어렵다. 또한 보험료를 올릴 때 직장가입자 절반의 보험료를 책임지는 고용주(자본가계급)는 보험료

인상에 언제나 비협조적이다. 한국 자본주의는 자본의 입장에서 값 싼 비용으로 노동력을 사용할 수 있도록 발전해 왔고, 그러한 관점 에서 사회보험료는 사회 재생산을 위한 투자가 아닌 노동 비용으로 만 여겨져 온 측면이 강하다. 이러한 사회구조의 발전으로부터 초 저출생 문제가 비롯됐다고 볼 수 있다.

결국 재정 책임에 대한 국가와 자본의 소극적인 태도로 인해 건 강보험의 주변화는 제도 도입 초기부터 현재까지 유지되고 있다. 더욱이 자본의 입장에서 공적 의료보험제도의 확장은 민간보험시 장을 위축시킬 수 있고, 의료공급자 입장에서는 영리의료 활동에 제한이 되기 때문에 환영받지 못한다. 이러한 환경에서 한국 사회 의 시민들은 건강보험 재정뿐만 아니라 사적 의료 비용까지 부담해 야 하는 이중 부담의 늪에 빠지게 되었다.

잘못 낀 첫 단추: 의료보험 도입기

1987년 민주화가 실현되기 전까지 한국 사회는 국가의 강압적인 정 책이 사회를 지배했고, 이를 지탱했던 세력은 군부 및 엘리트 계층 이었다. 한국에서 '능력주의=공정'으로 잘못 인식되기 시작한 것 은 이러한 현대사의 지배구조 때문이다. 군사쿠데타를 통해 정권을 찬탈했던 박정희는 군사정권의 정당성을 확보하기 위해 다양한 사

회법을 입법했고, 의료보험 역시 그때 추진된 사회제도 가운데 하
나다.

의료보험에 대한 논의는 1959년 10월 보건사회부 의정국이 '건
강보험제도 도입을 위한 연구회'를 결성하면서부터 시작된다. 보건
사회부는 사회보장제도심의위원회 규정안을 제정했고, 이것이 국
무회의에 넘겨졌으나 5·16 군사쿠데타로 인해 중단되었다. 1961년
말 법제화 작업이 재개되면서 1962년 2월 '사회보장제도심의위원
회 규정'이 제정되었고, 같은 해 9월 의료보험 법안의 기본 설계를
확정하고 이듬해 2월 의료보험 실시를 위한 1차 시안을 완성했다.
일본의 의료보험제도 등을 참고한 시안의 주요 내용은 수정·보완
과정을 거쳐 정부안으로 최종 정리되었고, 당시 지금의 국회 기능
을 담당하고 있던 국가재건최고회의*에 제출되었다.

정부안의 주요 내용은 시행 시기를 5년간 유보한다는 단서와
500인 이상 사업장에 대해서만 강제(의무)적용하고, 그 이하 사업장
은 사업주의 판단에 따라 임의(비의무)적용하도록 한다는 것이었다.
이는 국가의 재정 부담을 최소화하면서 제도 도입이라는 명분만 달
성하려는 군사정권의 구상이었다. 의료보험제도를 절실히 필요로
했던 대중의 요구는 묵살된 채 '재정 부담 최소화'가 의료보험제도
도입에서 가장 중요한 잣대가 되었기 때문에 그야말로 존재하지만

---

* 1961년 6월 6일부터 헌법 일부 조항에 대한 효력을 정지하고 민정 이양 때까지 국가
의 최고 통치기관으로 군림한다.

기능하지 않는 제도가 되고 말았다.

그러나 국가재건최고회의에 제출된 정부안은 심의 과정에서 '강제가입'에 관한 조항에 대해 '헌법과 계약자유의 원칙'에 어긋난다는 문제 제기를 받았다. 또한 경제 및 기업 여건을 고려할 때 당연가입은 기업과 정부에게 부담이 되므로, 500인 이상 사업장에 대한 강제적용 조항을 임의적용으로 변경했다. 수정된 법률안은 1963년 12월 16일 한국 최초의 의료보험법인 〈법률 제1623호〉로 제정·공포되었다. 강제적용 조항을 임의적용 조항으로 변경함으로써 사업주는 의료보험에 대한 의무에서 벗어나게 되었고, 정부 또한 의료보험제도 시행에 대해 무관심하게 되었다. 그 결과 1977년 이전까지 의료보험제도는 유명무실한 제도로 전락하고 만다.

의료보험 도입 과정에서 보인 군사정권의 정치적 이해에만 충실한 실효성 없는 법제화와 그 과정에서 나타난 국가와 자본가의 책임 회피는 보건의료체계와 의료보장제도에 대한 무관심으로밖에 평가되지 않는다. 국가와 자본의 이러한 재정 책임 최소화는 이후 경로의존성, 즉 공공의료에 대해 소극적 태도로 일관하는 고질적인 경향으로 자리잡게 된다.

1977년 7월, 의료보험제도 시행 원년

입원비가 없다는 이유 등으로 위급한 산모와 중화상을 입은 어린 이의 치료를 거부, 태아와 어린이를 숨지게 하는 등 요즘 말썽을 빚고 있는 응급환자 진료 거부 행위에 대해 경찰이 강권을 발동, 관련 10개 병원 의사 12명을 입건, 그중 6명은 구속영장을 청구 했다. 경찰은 구급을 요하는 환자에게는 의료법에 따라 진료시간, 환자의 경제적 능력 또는 기타 여하한 이유에도 불구하고 필요한 응급조치를 즉시 실시해야 한다고 밝히고, 이를 위반한 의료기관 의 책임자와 직접 관련된 의사들은 앞으로도 엄하게 다스려 다시 는 '비정인술'이 없도록 하겠다고 말했다.

《동아일보》 1972년 8월 10일 기사[41]

진료비가 없는 환자에 대한 진료 거부는 사실 어제오늘 일이 아 니다. 그러나 보편적 의료보험제도조차 적용되지 못했던 1970년대 초반 상황은 더욱 심각했다. 1972년 사회적 물의를 빚은 '진료 거 부' 파동은 해결되지 못하다가 1976년 16명의 병원장이 진료 거부 및 의료 부조리 혐의로 구속되기에 이른다.[42]

임의적용으로 시작된 의료보험이 도입된 이후 1964년 수출 1억 달러에서 1971년 10억 달러 달성으로 7년 만에 수출이 10배 성장 했고, 이후 6년 만에 그 10배인 수출 100억 달러를 기록하면서 경제성장이 가시화되었다. 그러나 1972년 10월 계엄령 및 유신체제가 선포되고, 1974년 육영수 사망 이후 긴급조치만 9번 발동되는 등 정치적 암흑기가 깊어졌다. 정치적 억압은 민주주의를 기반으로 발전하는 복지국가와는 반비례한다. 그런데 아이러니하게도 의료보험제도는 이런 암흑기에 또 다른 정치적 이유로 변화의 계기를 맞는다.

1972년 7·4 공동성명을 준비하기 위해 1971년 북한을 다녀왔던 중앙정보부장 이후락은 '무상의료체제 달성'을 대외적으로 공언했던 북한의 의료체제가 실제로도 남한보다 우월하다고 보고했다. 이는 박정희 정권에게 체제 경쟁에서 뒤처질 수 없다는 정치적 대결의식을 불러일으켰다. 다른 한편으로 경제발전을 위해 많은 것을 희생했던 노동자들의 불만이 1970년 전태일 열사의 분신을 기점으로 분출하기 시작했다. 사회보험을 처음 도입했던 독일의 비스마르크처럼 박정희 정권에게도 '당근(사회보험)과 채찍(사회주의자탄압법)' 중 당근이 필요하게 된 것이다. 이에 1975년 정권의 요청으로 의료계와 학계 인사로 '금요회'를 구성했고, 금요회는 이듬해 의료보험 전면 실시를 건의하게 된다.

당시 보건사회부 장관 신현확은 "의료복지정책을 쓰되 국방력 강화와 경제 고도성장이 계속해서 요긴한 우리 현실에 비추어 우리 실정에 맞는 건전한 제도를 마련할 것"을 주문했다. 이는 국고 지원금 등 정부의 의료보험 사업에 대한 재정 책임을 최소화하기 위한 주문이었다. 신현확은 경제관료로서 사회개발을 통한 사회적 형평성 제고와 노동력 보전 및 생산성 향상을 통한 지속적인 경제성장을 강조했다.[43] 1976년 공공부조제도인 '의료보호제도'와 사회보험인 '의료보험제도'를 두 축으로, 500인 이상 사업장에 대한 의료보험 강제적용과 보험 재정의 보험료 충당 원칙을 토대로 하는(즉 정부의 재정 투입은 최소화하는) 기본안이 발표되었다.

의료보험의 강제적용을 위해서는 경제계와 의료계의 동의가 필요했고, 이때부터 의료 정책의 주요 정책 참여자로 그들이 자리하게 되었다. 군사정권은 정치적 정당성을 위해 의료보험을 도입하기로 했지만, 경제성장 우선 정책 하에서 국가재정은 거의 투입되지 않았다. 따라서 제도의 실질적인 시행을 위해서는 국가 재정 이외의 자원 동원이 필요했고, 기업은 이를 해결할 수 있는 대상이었다. 전국경제인연합회(이하 전경련) 부회장 김입삼의 회고록에 따르면, 기업은 '자기부담 원칙'을 골자로 한 기업의료보험안을 제출했다. 이 안은 청와대 실무회의에서 의료보험을 조합방식*으로 관철하는 데 있어 중요한 역할을 했다.[44] 사회보험제도를 도입했지만 당시 재계는 기업복지 수준으로 수용했고, 그에 따라 보험료를 내는 사업장의 노동자만이 혜택을 받는 매우 선별적인 제도가 시작되고 말

---

*　보험료의 50%를 부담하는 대신 전경련은 보험자단체인 의료보험연합회에 대한 통제권을 가질 수 있었고, 초대 의료보험연합회 회장이 바로 전경련 부회장이었던 김입삼이었다. 자기부담 원칙의 기업의료보험은 결국 전국민을 대상으로 한 의료보장이기보다는 기업별 각기 다른 의료보험조합을 설립해 관리·운영되기 때문에 기업 내 의료 위험의 분산 효과 이상을 기대하기 어렵다.

았다. 공적 의료보험은 가장 보편주의적인 제도지만, 한국 사회에서는 선별주의적인 색채를 띠며 실현된 것이다.

의료계에서는 1975년 대한병원협회(이하 병협)가 의료보험제도의 확대를 건의하게 된다. 이러한 건의 이면에는 의료보험제도가 실시되면 환자가 2배 이상 증가할 것이라는 잠재적인 수요 증가에 대한 기대가 있었다.[45] 병협 외에도 대한의학협회와 대한약사회의 활동이 두드러졌는데, 이들 공동의 이해는 의료수요의 현재화와 의료비의 안정적 공급을 위한 수가체계 확립이었다. 수가는 의료서비스 가격으로, 의료보험에서 정한 진료비를 포함한 의료서비스 가격을 말한다. 그러므로 의료보험제도가 운영되기 위해서는 수가를 결정하고, 수가에 따른 보상을 위한 안정적인 체계를 갖추어야만 했다.

앞서 살펴본 바와 같이 전쟁 후 정부는 공공의료를 위한 인프라 구축에 관심을 기울이지 않았고, 그 결과 의료 영역은 자유방임주의가 지배했다. 1974년 기준 공공의료 부문과 민간의료 부문의 의사 비율은 각각 18.4%, 81.6%, 병상 비율은 각각 21.1%, 78.9%로 민간의료 부문이 압도적이었다(그림10 참고). 그리고 의료비의 가파른 상승으로 1인당 의료비가 2000원에서 5700원으로 올라 4년 동안 3배 가까이 상승했다.[46] 그러나 1975년 의사회 조사에 따르면, 응답자의 90% 이상인 의사들은 의료비가 싼 편이라고 응답했다. 1965~1975년 사이 10년간 의료비는 생계비 증가율의 3배가 넘었고, 1971~1975년 사이 5년간 수가는 최고 15배 증가했다.[47] 물가상

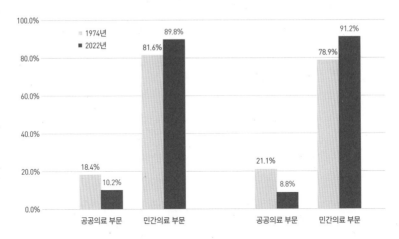

그림10 공공·민간의료 의사 비율(왼쪽) 및 병상 수(오른쪽) 비교

승률을 넘는 의료비 폭등은 의료가 시장원리에 맡겨질 때 발생할 수밖에 없는 결과였다.

공공의료 인프라의 절대적 부족, 의료비 부담 가중, 수가에 대한 의사들의 불만 등은 50년이 지난 현재에도 크게 달라지지 않았다. 1976년 말에 제출된 '의료보험법 개정안'은 여러 차례 논란 끝에 12월 22일 〈법률 제2942호〉로 공포되었다. 사회보험 방식으로 500인 이상 사업장 강제(의무)적용과 철저한 수혜자부담 원칙에 입각한 보험료 노사 공동 부담으로 정리됐다. 무엇보다 국가부담 원칙을 삭제했고, 기업 반발을 최소화하기 위해 강제적용 사업장 규모를 500인 이상으로 제한했다. 국가의 재정 책임을 최소화하기 위해 이때부터 직장가입자에 대한 의료보험 재정을 노사가 전적으로

부담하게 되었고, 오늘날 지역가입자에 해당하는 2종의 경우 가입자가 보험료 전액을 부담하게 되었다. 이 원칙은 지금도 지속되고 있으며, 초고령사회를 직면한 상태에서도 사회보험은 가입자들이 재정 책임을 져야 한다는 원칙을 고수하고 있다. 전국민의료보장을 위한 재정 지원에서 국가의 역할은 여전히 소극적이기만 하다.

의료보장에 조응할 수 없는 행위별수가제와
저수가 프레임

행위별수가제fee for services는 진료비 보상방식 중 하나로, 약제비는 별도로 산정하고 의료인이 제공하는 진료행위 각각에 항목별로 가격을 책정하는 제도다. 가장 오래된 진료비 지불방식이기도 한 행위별수가제는 의료제공자 스스로 보상 수준을 정하기 때문에 더 많은 정보를 가진 의사가 우월한 위치에 서서 가격 결정의 주도권을 쥘 수 있다. 이렇게 결정된 가격을 '관행진료비usual, customary and reasonable charge'라고 부른다. 관행진료비는 같은 진료라고 할지라도 가격이 달라질 수 있고, 지역별로 차이가 발생하며, 심지어 제공자가 같더라도 환자에 따라 비용을 다르게 책정하기도 한다.

그런데 관행진료비는 의료보험제도에서 유지되기 어려우므로 보험제도가 시행되기 이전에 진료행위에 대한 지불방식 지불방식과 그에 따른 수가를 결정해야 한다. 이를 위해 정부와 의료계 사이에 협의가 진행됐고, 1977년 6월 의료보험용 기준 수가가 고시되었다. 그런데 진료비 지불방식이 행위별수가제로 유지되면서, 의료행위를 762가지로 구분했다. 의료행위에 대해 난이도, 시간, 빈도에 따라 점수를 적용하면서, 1점당 10원으로 환산했다. 다만 고시했던 가격 수준이 관행진료비보다 약 45% 정도 낮았다. 정부는 의료보험제도를 시행하기 위해 의료계의 협조가 필요했기 때문에 진료비 지불방식은 행위별수가제를 유지하되 가격 수준은 관행진료비보다 낮게 책정하는 방식으로 절충안을 냈다. 의료계는 행위별수가제가 유지되는 것에 대해서는 당연시했지만, 관행진료비보다 낮은 수가에 대해서는 강력하게 반발했다.

그러나 "의료보험 수가 25~45%가량 절감이라는 것은 병원 측의 엄살로, 의료보험 시행 이전에도 단체 환자의 경우 30~40% 할인됐다며, 의료보험으로 최소 500~1500명의 단체 가입자는 현 수가대로 받는 것"[48]이라고 지적하며, 정부의 고시 수가가 절대 낮지 않다는 반론도 있었다. 의료보장체계의 기초를 다질 때는 재정의 지속가능성 측면에서 행위별수가제의 적합성을 고찰하고 이에 대한 사회적 논의를 진행해야 한다. 그러나 군사독재 하에서 시민은 제외된 채 정부와 공급자 중심의 협의만 진행되었다. 이러한 경향성은 현재까지도 상당 정도 유지되고 있다.

의료보장제도를 갖춘 대다수 국가는 관행진료비, 즉 행위별수가제를 그대로 유지하지 않는다. 왜냐하면 의료보장제도는 시장원리를 따라 운영되던 의료체계에 사회 공동체 원리를 적용하여 가격 결정의 주도권을 '의료제공자에게서 사회로' 이동시키기 때문이다. 즉 모든 시민을 위한 의료보장체계의 구축은 지리적 접근성(전달체계)과 경제적 접근성(의료보장)을 달성하는 것으로, 행위별수가제가 유지될 경우 이런 전달체계와 의료보장 모두에서 유의미한 성과를 달성하기 어렵다. 또한 행위별수가제는 의료재정의 사회적 통제를 어렵게 하므로, 공적 의료보장의 목표를 실현하는 데 장애가 된다. 따라서 의료보장체계를 갖춘 국가에서는 정부나 사회보험을 운영하는 보험자가 직접 개입해서 수가를 결정한다. 이러한 진료비를 협정진료비 또는 공정진료비fee and price schedule라고 한다.[49] 공정진료비는 정부나 보험자가 직접 정하거나 이들이 의료제공자와 협상하는 등 다양한 방식을 통해 결정될 수 있지만, 의료제공자가 우월한 위치에서 가격 결정권을 독점할 수 없으므로 관행진료비와는 확연히 다르다.

의료계는 '전문기술에 대한 보수, 의료제공에 드는 경영 원가의 보전, 의료시설에 투입된 자금에 대한 자본 보수와 기업 이득' 등을 원가 요소로 고려하고, 자본에 대한 정당한 보수를 사회정의로 본다. 또한 의료산업은 다른 산업과 같이 자본공급 측면에서 타 산업과 경쟁 관계에 있고, 민간자본을 유치하기 위해 그 사회의 평균적인 '자본 보수율'* 보장을 중시한다.[50] 그러나 의료를 산업적 측면에서 바라보며 자본 보수율을 보장해야 한다는 관점은 지극히 자유방임주의만을 따른 것이다.

자유방임주의는 19세기 말부터 20세기 초반, 산업화로 심각해진 사회문제에 대응하기 위해 사회보험이 도입되면서 서서히 수정되어 왔다. 수정된 자본주의가 두 번의 세계전쟁을 거치면서 인류 공존을 위한 〈세계인권선언〉이 공포되었는데, 이에 따르면 인권은 모든 인류 구성원의 타고난 존엄성이자 동등하고 양도할 수 없는 권리로서 "모든 사람은 사회의 일원으로서 사회보장을 받을 권리"가 있음을 천명한 바 있다(〈세계인권선언〉 제22조). 인권 차원에서 말하는 사회정의란 "경제적 부담능력, 인종, 젠더, 나이, 장애 유무, 종교 등 개인의 정체성과 특성에 의해 보건의료에 접근하고 이용하는 데 불평등이 없어야 한다"는 건강 정의의 기본 내용이자 이념이다.[51] 이런 사회정의는 자본 보수율 보장을 사회정의로 주장했던 의료계의 입장과 정면 배치된다. 만약 의료를 다른 산업과 동일하게 취급하더라도, 의료계가 원하는 수준의 수가를 의료인 모두에게 제공하거나 지속적으로 지급하기는 어렵다. 왜냐하면 진료비를 부담하는 노동자와 시민은 그들의 임금과 소득에서 수가를 지급하는데, 임금과 소득은 호황과 불황을 오가는 경기순환과 자본의 축적구조와 밀접

---

*   자본 보수율은 투자 보수율rate of return on invested capital로 가늠할 수 있는데, 기업이 자본을 사용하는 대가로 자본을 제공한 자에게 지급하는 자본 비용, 조달된 자본으로 사들인 물리적 자산의 기대치 최저수익률을 나타낼 때 사용된다.

하게 관련되어 있기 때문이다. 노동자와 시민의 부담능력을 고려하지 않는 의료시장의 이윤 추구는 인권적 사회정의와 동떨어져 있으며, 의료비 지급 여력에 따라 의료서비스가 양분화하는, 즉 이중의 의료공급구조로 귀결될 수밖에 없다.

행위별수가제가 '원가'에 기초하기 때문에 합리적으로 비칠 수도 있지만, 원가 산정에 대한 기술적 측정은 사실상 불가능하다. 즉 진료행위는 매우 다양하게 구성되는데, 모든 행위 하나하나에 원가를 적용할 수 있는 방법은 없다. 한 가지 예를 살펴보자. 김창엽 교수는 한 지역에 의원이 10개에서 100개로 늘어나서 환자가 하루 30명에서 20명으로 줄어든 상황을 가정한다.[52] 보통 원가는 전체적으로 투입된 비용을 행위 수로 나눠 계산하는데, 환자 수가 줄어들면 환자 1명당 배분되는 원가는 증가하게 된다. 즉 줄어든 환자에 대한 손실 비용은 다른 환자에게 이전되고, 환자 1명의 진료비는 그만큼 비싸진다. 원가에 기초한 보상구조에서 의원과 같은 의료자원의 증가는 일반 시장에서처럼 가격을 낮추는 것이 아니라 오히려 더 높일 수 있는 것이다. 행위별수가제는 의료제공자가 더 많은 서비스를 제공할수록 더 많은 수익을 보장하는 구조이기 때문에 의료 제공량과 이용량이 모두 증가할 수밖에 없다. 또한 각종 진단을 위한 검사 및 진료의 강도 역시 높아진다. 그 결과 더 많은 수입을 위한 과잉 의료행위는 자연스럽게 일상화된다.

의료보장체계가 있는 OECD 국가들을 살펴보면 일차의료기관에서 행위별수가제를 적용할 경우 대부분 인두제와 함께 사용하며, 병원급에서는 포괄수가제와 총액계약제(이하 총액제)를 적용한다. '인두제'란 정해진 시간에 대해 사람 수에 따라 일정액의 보수를 지불하는 방식으로, 대상자의 상태와 특성, 제공하는 서비스의 양과 내용 등은 고려하지 않는다. '포괄수가제'란 행위별수가제와 대조적으로 여러 행위를 하나로 묶어 진료비를 지불하는 방식이다. 포괄수가제는 환자의 상태나 진단 내용, 사용한 기술과 관계없이 정액으로 지불하는 방식(시간당 혹은 방문당 단위)과 진단 내용이나 사용한 기술 등에 따라 동질적인 집단을 구성하고, 그렇게 구성된 집단에 따라 다른 진료비를 지불하는 방식으로 구분된다. 후자의 방식은 국민건강보험에서 7개 질병군을 대상으로 적용하고 있다. 끝으로 '총액제'는 지역별로 의료공급자 단체와 보험자, 정부와 같은 의료 비용 지불자 사이에서 의료비 총액을 우선 계약하는 방식으로, 계약 총액 범위 내에서 의사와 약사에게 의료비와 약제비가 지불된다. 의료비가 계약한 총액을 초과할 때는 초과분이 이듬해 수가 또는 지불금액 조정 등에 반영된다.

그런데 앞서 말한 것처럼 의료보장체계가 있는 국가에서는 결코 행위별수가제를 단독으로 사용하지 않을 뿐만 아니라 병원급 이상에서는 적용하지 않는다. 그러나 한국에서는 의원 중심의 일차의료 기관과 병원급 모두에서 행위별수가제가 중심이 되는 매우 기형적인 구조가 발전해 왔다. 국민건강보험 지불제도 유형에는 매우 제

행위별 수가제	개념	• 의사가 제공한 의료서비스(행위, 약제, 치료재료 등)에 대해 항목별로 가격을 책정하여 진료비를 지불하는 방식
	특징	• 의료기관의 수입이 환자 1인당 진료비에 따라 달라지므로 환자 1인당 진료비 또는 환자 수를 늘리는 것으로 수익 창출 • 과잉진료와 진료시간 단축의 위험이 있음 • 사보험과 공보험 모두에서 의료비 통제에 효과적이지 못하지만, 의사 및 의료기관의 제도에 대한 수용성이 높음
포괄 수가제	개념	• 환자가 입원해서 퇴원할 때까지 발생하는 진료에 대해 질병마다 미리 정해진 금액을 지불하는 방식 • 검사, 투약, 처치, 입원기간 등에 관련 없이 질병별로 미리 정해놓은 진료비를 지불 ※ 건강보험에서는 7개 질병군(백내장수술, 편도수술, 맹장수술, 항문수술, 탈장수술, 제왕절개분만, 자궁수술)에 대해서만 적용
	특징	• 본인부담금과 공적 의료보험의 보장성 확대, 의료비 총액에 대한 예측 가능성 제고, 적정한 진료 보장 가능 • 재정상태에 따라 의료서비스 최소화 가능성 존재(과소진료 문제)
신포괄 수가제	개념	• 2009년부터 시범사업으로 도입되어 603개 질병군 입원환자에 적용 • 포괄수가제와 행위별수가제의 절충 모형 • 입원료, 처치 등 진료에 필요한 기본적 항목은 포괄수가제 적용 • 의사 수술 및 시술 등은 행위별수가제 적용
	특징	• 7개 질병군에만 포괄수가제를 적용했을 때 의료의 질 저하 문제가 신포괄수가제에서는 제기되지 않는 편(의료보장성이 다소 개선됐다고 평가됨) • 행위별수가제를 절충함에 따라 건당 진료비와 내원일수는 증가, 재입원율도 높은 것으로 분석(과잉진료 문제 해결되지 않음)
인두제	개념	• 의사가 맡은 등록자 수(지역의 일정 주민 수)에 비례하여 보수를 사전에 결정·지급하는 방식
	특징	• 주민이 의사를 선택하고 등록을 마치는 방식으로 일차보건의료에만 적용 • 주치의나 가정의의 일차진료를 거쳐야만 전문의나 병원으로 후송될 수 있는 구조 • 필요도에 따른 의료서비스 제공이 가능하고, 지속 가능한 지역사회 공공의료구조에 적합한 진료비 지불방식
총액제	개념	• 보험자와 의사 및 공급자 단체 간에 의료서비스에 대한 진료비 총액을 추계하고 협의한 후 사전에 결정한 진료비 총액을 지급하는 방식
	특징	• 진료의 가격과 양을 동시에 통제·조정할 수 있지만, 각 의료 영역별 불균형이 초래될 수 있음 • 보건의료 비용에 대해 효과적인 조정이 가능하고 지출 증가 속도를 조절할 수 있지만, 의료공급자의 과소진료나 특정 환자 기피 현상이 발생할 수 있음
일당 정액제	개념	• 병원 입원진료에 적용되는 방식으로 1일당 수가를 책정하여 진료기간에 따라 진료비 총액을 결정하는 방식
	특징	• 정해진 기간에 총비용을 늘려야 하므로 일당 진료비를 높게 책정하거나 진료일수를 늘려 수입을 높이는 방식을 주로 추구 • 비용 절감을 위해 의료의 질을 낮추거나 불필요한 진료일수를 확대하는 문제가 발생할 수 있음

표5 진료비 지불방식 비교

한적인 포괄수가제와 신포괄수가제(주로 요양병원에 적용하는 입원 하루당 진료비로 정해지는 일당 정액제)가 도입됐지만, 행위별수가제가 전체 지불제도의 93.4%를 차지할 정도로 압도적이다.[53]

1977년 고시제(점수제)로 시작된 행위별수가제는 2000년 '상대가치 점수제'로, 2008년 '유형별 수가 계약제'로 변화했다. 상대가치 점수제는 의료행위별 업무량, 진료 비용, 위험도를 고려하고, 유형별 수가 계약제는 상대가치 점수제에서 행위 항목 간 불균형에 대해 조정하여 '변화하는 의료환경'이라는 변수를 반영하는 것을 목표로 했다. 행위별 항목은 1977년 763항목에서 2023년 2월 9184항목으로 10배 이상 증가했다. 그간 행위별수가제를 근간으로 삼아 문제점을 개선하려고 했지만, 상대가치 점수제도 이후 수가 인상을 위한 통로가 상대가치와 환산지수*, 이렇게 두 가지로 늘어나면서 오히려 국민건강보험의 수가 관리는 더욱 어려워졌다. 전문과목 간 상대가치의 불균형을 해결하지 못해서 소위 필수진료로 분류된 진료과목이 약화되었다. 또한 병원급에 대한 진료비 보상이 커지면서 병원에서 수행되는 의료행위와 병상 수가 증가했고, 그 결과 지난

---

* 환산지수는 요양급여의 각 항목에 대한 상대가치 점수의 점수당 단가다. 건강보험 급여수가는 상대가치 점수에 환산지수를 곱한 값(건강보험 급여수가=상대가치점수×환산지수)이다. 환산지수의 평균 인상률은 2020년 2.29%, 2021년 1.99%, 2022년 2.09%, 2023년 1.98%, 2024년 1.98%다. 2024년 기준 의료기관별 환산지수는 병원 81.2원, 의원 93.6원, 치과 96원, 한방 98.8원, 약국 99.3원, 보건기관 93.5원, 조산원 158.7원이다. 의료행위 보상에 대한 불균형을 해소하기 위한 목적으로 도입된 이 체계는 병원과 의원 간에 수가 역전 현상이 심화하면서 의료전달체계의 왜곡을 낳고 있다.

30년간 병원급 의료기관의 점유율이 크게 성장했다.[54] 결국 행위별 수가제를 근간으로 하는 진료비 지불제도는 영리의료 발전을 위한 토대로 기능하며 의료민영화를 가속화하는 윤활유로 작용했다.

지금까지는 공공의료 강화를 위해 시민들이 국민건강보험의 낮은 보장성을 문제 삼으면, 의료계는 '저수가 프레임'으로 맞받아쳐 왔다. 그러나 의료공급자에 의해 결정되는 의료원가에 대한 객관적 기준이 없고, 의료계는 수가가 원가보다 낮다는 점을 입증하지 못했다. 또한 공공의료기관이 현저히 부족한 환경에서 영리적인 이해를 중심으로 한 의료시장에서 형성된 수가를 객관적으로 평가할 수 있는 지표도 마땅치 않다. 그러나 1977년부터 시행된 건강보험제도의 수가가 관행진료비보다 낮았다는 것에서 시작해 현재에 이르기까지 저수가 프레임은 계속되고 있다. 그 결과 '낮은 보험료→낮은 수가→낮은 보장성'이 하나의 패키지처럼 작동해 왔다. 그러나 수가와 보험료 모두를 인상해도 보험료 수입의 상당 부분을 인상된 수가에 지급하게 되면 비급여진료를 포괄할 수 있는 재정 여력이 감소하게 된다. 더불어 의료산업의 발전으로 비급여의료 항목은 거침없이 확대되고 있다. 이러한 국민건강보험의 제도 내·외적인 환경 변화 속에서 의료보장성은 제자리걸음을 걷거나 퇴보해 왔다. 그러므로 의료보장이라는 목표를 달성하기 위해서는 행위별수가제의 근간을 뿌리 뽑을 수 있는 진료비 지불방식의 전면적인 전환이 무엇보다 필요하다.

의료
재난의
시대。

알고 싶어요   의료보험을 비롯한 사회보험은 어떻게 등장한 건가요?

봉건체제가 자본주의로 전환되던 18세기에 영국을 비롯한 유럽 국가들은 체제 전환에 따른 고통을 겪습니다. 생산력은 이전 시기와 비교가 되지 않을 정도로 발전하기 시작했지만, 농노의 지위에서 서서히 자리를 잃게 된 생산수단이 없는 사람들은 일자리를 찾아 공장이 있는 도시로 모여들기 시작합니다. 그러나 초기 자본주의는 이들에게 풍부한 일자리도, 임금도 제공하지 않았습니다. 새로운 사회에 지배계급으로 등장한 부르주아지(자본가)는 '보이지 않는 손'이 지배했던 시기 내내, 국가에 의한 규제와 통제 없이 노동에 대해 절대적 수준의 착취를 서슴없이 가했습니다. 그 결과 높은 생산력에도 불구하고 빈곤과 질병, 실업의 문제는 심각해졌고, 노동자계급은 이러한 자본가계급의 절대적인 착취에 반기를 들기 시작했습니다. 이러한 사회적 갈등을 배경으로 삼아 사회보험은 탄생하게 됩니다.

1880년대 독일의 비스마르크0. von Bismarck는 국가경쟁력을 강화하기 위한 일환으로 노동자들의 충성심을 고취하고 정치적 중앙집권화를 이루기 위해 사회보험을 제안합니다. 독일의 사회정책학자 리터Ritter, G.는 비스마르크의 사회 개혁 조치(1883년 〈질병보험법〉, 1884년 〈산재보험법〉, 1889년 〈장해 및 노령연금〉 입법)에 대해 노동자의 사회적 지위를 개선하고 보충하려는 동기에서가 아니라 봉건주의적 국가에 노동자계급을 통합하기 위한 동기에서 시행한 것으로 분석한 바 있습니다. 다시 말해 비스마르크는 봉건주의적 토대 위에 중앙집권적 국가권력을 공고히 하기 위해 사회 개혁을 단행한 것입니다. 제도가 도입된 취지는 이렇듯 지배세력의 정치적·경제적 이해로부터 출발했지만, 이를 둘러싼 사회세력 간의 각축 결과, 사회보험은 사회 지속을 위한 필요에 의해 성장해 갑니다.

독일을 시작으로 사회보험은 산업화로 심각해진 사회문제에 대한 대응 제도로서 많은 국가에 전파되었고, 이를 통해 빈곤과 질병에 대한 개인 책임이 사회 책임으로 전환되는 계기를 맞습니다. 영국에서 1942년 베버리지W. Beveridge 위원장 이름으로 발표된 〈사회보험 및 관련 서비스〉에서 빈곤에 대한 관점을 개인의 잘못에서 구조적 원인으로 전환하면서 보편적 복지와 예방을 강조하는, 일명 '베버리지 플랜'이 공식화되었습니다. 또한 나치로부터 해방된 직후인 1944년 말부터 1945년까지 프랑스에서는 사회보장의 조직에 관한 계획, 일명 '라록크P. Laroque 플랜'이 채택됩니다. 이 두 가지 플랜은 제2차 세계대전 종료 직후에 국제노동기구International Labour Organization, ILO의 적극적인 활동에 힘입어 자본주의 각국에서 사회보장제도가 시행되는 데 영향을 미칩니다. 사회보험이 제도화되기 이

전에는 부양에 대해 스스로 책임지는 개인 책임 원칙이 지배적이었다면, 사회보험의 제도화 이후에는 부양에 대한 사회 책임이 등장하고 발전하게 된 것입니다.

그러나 사회보험은 지배계급의 입장에서도 자본주의 생산을 유지하는 데 필요했던 제도였습니다. 즉 노동력에 대한 절대적 착취만으로 자본주의가 유지되기 어렵다는 역사적 경험은 유럽의 많은 국가에서 복지국가를 성취해 가는 기반이 됩니다.

서구의 복지국가가 시민을 위한 복지를 확대했던 국면은 크게 3단계로 구분됩니다. 사회보장이 만들어지기 이전 시기부터 국가에 의한 최초의 빈곤 구제였던 〈구빈법〉 체제 시기(1단계), 사회보장 형성기였던 19세기 말부터 제2차 세계대전 종전 시기(2단계), 사회보장 팽창기였던 1945년부터 1970년대 초까지(3단계)입니다. 1970년대 초반부터 대량생산과 대량소비에 기반을 두었던 생산체제에 위기가 오면서 경제위기가 시작되었고, 복지국가는 그에 따라 격랑의 시대를 겪게 됩니다. 그중 2단계에서 공적 의료보험 중심의 사회보험이 제도화되기 시작했고, 3단계부터 국가와 사회 중심의 의료보장체계가 확대하게 됩니다.

한국 사회에 2단계와 3단계에 해당하는 발전은 20세기 후반부터 시작해서 21세기를 넘기며 진행되었습니다. 그러나 국가와 사회적 차원의 의료보장 수준을 서구 복지국가와 비교하면, 여전히 평균에 미치지 못하고 있습니다. 무엇보다 의료를 통한 영리 추구가 심화되면서 모든 사람에게 괜찮은 수준의 의료서비스가 적기에 제공되지 못하고 있습니다. 우리 사회는 적정수준의 의료보장을 경험하기도 전에 의료재난과 불평등에 직면하고 있습니다

4장

의료재난 시대를 넘어 공공의료 시대로

☑
☑
☑

7 의료를 보는
패러다임의 전환

사회를 비추는 거울, 의료

의료광고

한국 사회에서 의료가 돈 버는 사업이 된 지는 오래되었고, 돈 잘 버는 의사를 칭송하는 경향은 날로 심해지고 있다. 최근 20여 년간 쇼닥터, 의료광고는 한국 사회의 경향이 되었고, 각종 방송에서 돈 잘 버는 의사들의 큰 집과 비싼 취미가 예능 프로그램의 소재까지 되고 있다. 한쪽에서는 현재 한국 의료가 가치관부터 너무 상업적이라고 비판하면서도, 문화적으로는 부자 의사와 인테리어 좋고 영리적인 의료기관을 칭송하는 양상이 나타나고 있는 것이다. 아수라 백작의 이중성만큼이나 큰 모순이 아닐 수 없다.

　우선 '의료광고'를 들여다보면 최근 연예인과 스포츠 스타 의료광고는 많이 줄었으나, 도심을 다니면 수많은 병의원 광고가 여전히 범람하고 있다는 것을 알 수 있다. 만약 그간 정부가 의료 이용을 효율화하고 지역 일차의료체계를 유지할 생각으로 '닥터쇼핑'을 막고자 했다면, 이런 광고를 허가할 수는 없었을 것이다. 2003년 광고업 확대를 명분으로 병의원 광고를 확대 허용할 때 닥터쇼핑 문제는 사실 안중에도 없었다. 당시에도 병의원 광고가 환자들을 현혹시켜 환자들이 이곳저곳 병의원을 더 다니게 될 거라는 점이 지적되었음에도 도입된 것이다. 〈의료광고 관련 의료법〉은 2007년에는 네거티브 방식의 심의제로 더욱 규제가 완화되었다. 그리고 그 이후로 의료서비스 산업화를 위해 '외국인 대상'이라는 핑계로 의료광고를 더욱 확대했다. 외국인을 대상으로 할 때는 검열이 완화된 광고를 해도 된다는 사고가 그저 놀랍기만 하다.

외국의 경우 의료광고는 매우 협소한 범위에서만 허용된다. 프랑스의 경우 의료인의 학력과 경력에 대해 전화번호부 광고만을 허용하고, 잡지 등에 허용하는 나라도 학력과 경력 같은 명확한 객관적 기준만 제시한다. 연예인과 스포츠 스타가 동원된 광고가 허용되는 나라는 아마 한국을 제외하면 미국이 유일한 예일 것이다. 하버드 의과대학 교수인 아널드 렐만이 자신의 저서 『미국의 전국민 의료보장을 위한 계획A Second Opinion: Rescuing America's Health Care』을 통해 "미국 의료영리화의 계기는 광고였다"라고 주장할 정도로 의료광고가 의료영리화에 미치는 악영향은 미국에서도 문제가 된 바 있

다.[55]

의료광고를 둘러싼 최소한의 사전심의제도 역시 거의 유명무실한 제도가 되었다. 사전심의를 대한의사협회에 위탁하고 있기 때문에 사실상 자율 규제와 비슷하다. 또한 사전심의를 받지 않으면 1년 이하의 징역 또는 500만 원 이하의 벌금에 처하도록 했지만, 최근 자료에 따르면 급증하는 불법광고에 비해 보건 당국이 행정처분을 내린 횟수는 오히려 줄어들고 있어서 사실상 규제 완화를 통해 의료광고가 폭발적으로 팽창하는 국면이다. 더군다나 규제마저 '자율 규제'가 아니라고 헌법재판소의 위헌 판정을 받았다.[56]

물론 이런 의료광고시장의 확대 역시 민간병원의 과다 경쟁과 무정부적 의료체계 때문이다. 그리고 그 피해는 고스란히 국민이 떠안고 있다. 그런데 이런 무분별한 의료광고에 대해 일언반구 해결책을 내놓지 않으면서 국민의 닥터쇼핑을 후진적 행태로 몰아붙이는 것은 자가당착에 불과하다. 윤석열 정부는 외래 이용 횟수가 연 365회를 넘는 경우 본인부담금을 90%로 올리겠다고 했고, 경증환자의 응급실 이용도 본인부담금을 90%로 늘리는 환자들의 병원 이용 자제를 촉구하고 있다. 의료광고를 부추기면서도 한쪽에서는 지불능력이 없는 환자의 의료 이용을 자제시키는 이런 경향은 의료에 대한 양가감정만 강화하는 결과를 낳게 된다.

故 신해철과 영리의료

2024년 겨울은 가수 신해철 씨의 사망 10주기로, 그를 추모하는 다양한 행사가 진행되었다. 우리는 그의 죽음이 영리의료의 구조적 문제와 맞닿아 있다는 점을 상기해야 한다. 2014년 10월 27일, 만 46세의 나이로 신해철 씨가 사망하면서 불거진 문제들은 아직도 해결되지 않은 채 우리 일상에 잠재해 있다.

우선 사망 원인이 된 장협착수술과 이후 심장이 멈춘 상태(심정지)에서 대학병원으로 이송을 한 병원(스카이병원)의 의료과실 문제는 여전히 한국 사회에서 반복되고 있다. 병원이 신해철 씨와 보호자가 원치 않는 위장계수술을 했다는 보호자의 주장에 관한 의혹도 일방적인 환자-의사 관계의 문제를 여실히 보여준다. 환자와 보호자가 원치 않는, 즉 동의하지 않는 수술을 했다면[57] 이는 윤리적으로나 법리적으로 있을 수 없는 일이다. 물론 그런 일이 이루어질 수 있을 정도로 한국에서는 환자 권리나 정보 공개가 제대로 존중받지 못하고 있다. 또한 신해철 씨의 수술 후 처치에 해당하는 응급상황 대비와 환자 관리는 그의 예후를 결정하는 중요한 요소였는데, 이 문제 역시 아직도 한국 의료에서 해결되지 않고 있다. 수술 후 환자 관리 문제는 중환자실 부족과 기술의학에만 맹종하는 경향성으로 인해 제대로 이루어지지 못하고 있다.

정리하면 수술을 진행한 병원은 심정지가 오는 중환자를 제대로 처치할 시설과 인력이 없었다. 실제 스카이병원은 '위밴드수술'이라는 고도비만환자에 대한 극단적 치료를 일반적인 비만치료로 대중화한 매우 '전문화'된 비급여진료 중심의 수술전문병원이었다. 이 병원은 막대한 광고비를 들여 위밴드수술을 광고하고, 병원 원장도 각종 방송에 출연하면서 자신의 인지도를 높였다. 그런데 이런 광고비에 쓸 돈은 있었지만, 심정지가 올 때까지 중환자 처치 및 환자 관리를 할 수 있는 체계는 갖추지 않았다.[58] 이는 현재 수술전문병원은 물론 대형병원에도 비슷하게 적용되는 논리다. 비급여 기술치료에는 집중하지만, 정작 환자 관리에는 인력과 장비를 최소한만 배치한다.

지금 한국 사회에 수술전문병원을 표방하는 각종 병원(네트워크병원 포함)이 우후죽순 생긴 지도 수십 년이 지났지만, 막상 합병증이 발병하면 환자를 가까운 대형병원으로 이송하는 일은 일상이 되고 있다. 돈 안 되는 치료인 중환자 처치를 위한 시설과 인력에는 투자를 마다했기 때문이다. 이로 인해 수술전문병원과 대형병원 사이에 모종의 공생관계까지 생기게 되었다.

또 한 가지 살펴볼 지점은 신해철 씨가 장협착으로 스카이병원에 가기 전에 상의할 의사가 한 명이라도 있었는가 하는 점이다. 친인척이나 친구, 지인 중에 의사가 있더라도 환자-의사 관계를 지속하며 상의하기는 어려울 수 있다. 환자의 병력과 당시의 의학적 상태를 잘 파악하고 있는 '주치의'가 있었다면 상황이 어떻게 되었을까? 못내 아쉽고 슬퍼지는 지점이다. 아마도 신해철 씨는 스카이병원으로 가서 장협착수술을 받지 않았을 수도 있고, 자신의 여러 가지 건강상 문제들에 대해 예방 및 관리치료를 받으면서 근본적으로 병원까지 가지 않았을 수도 있다.

게다가 당일 분당의 모 대학병원에 먼저 도착한 신해철 씨는 대기 환자가 많아서 스카이병원으로 갔다고 했는데, 이는 응급실 포화 문제의 전형적인 예에 해당한다. 응급환자인 장협착 환자에 대한 이런 처치를 보면 한국의 응급진료 문제는 어제오늘 일이 아니라는 것을 알 수 있다. 현재 자주 언급되는 '응급실 뺑뺑이'도 근래 갑자기 발생한 현상이 아니라 오래전부터 지속됐던 상황임을 보여주는 상징적인 사건이라 할 수 있다.

〈슬기로운 의사생활〉은 왜 판타지인가?

메디컬 드라마는 지난 수십 년간 한국 영상매체의 단골 소재였다. 매년 수십 편씩 만들어지는 병원 이야기는 최근 드라마 〈슬기로운 의사생활〉에서 그 정점을 찍은 듯하다. 메디컬 드라마는 사실 대부분 그 나라의 의료제도와 의료 현장을 반영한다. 응급실과 대학병원을 주로 보여주는 드라마는 미국에서 성행해 왔다. 레지던트 기간과 응급실 상황을 다루고 있는 〈그레이 아나토미Grey Anatomy〉와 〈응급실ER〉은 유명한 미국 드라마 중 하나다. 미국의 메디컬 드라마는 진단과 처방을 매개로 하는 이야기가 대체로 대형병원과 응급실을 배경으로 하여 펼쳐진다. 동네의원을 다루거나 공공의료기관을 다루는 드라마는 매우 찾기 힘들다.

이런 이야기 구성은 미국의 의료공급구조에 기인한다. 민영의료 보험과 대형병원, 기술의학의 고도화는 의료서비스의 본질을 병원에서 응급진료나 수술진료를 하는 것으로 표현하게 만들었다. 이런 점에서 한국 메디컬 드라마도 비슷한 궤적을 따른다. 한국 드라마에서 동네의원이 주요 배경이 되어 지역주민과 소통하거나 이들을 진료하는 이야기를 다루는 경우는 거의 찾기 어렵고, 공공의료기관이 나오는 경우도 없다. 실제 한국 의료의 중심이 동네의원, 지역 일차의료기관, 공공의료기관이 아니기 때문이다. 반면 영국 드라마는 대체로 동네 일차의료기관을 주요 배경으로 한다. 유명한 시트콤 〈닥터 마틴〉은 작은 해변마을에서 일하는 주치의GP의 우여곡절을 다룬다. 〈부부의 세계〉의 원작인 〈닥터 포스터Doctor Foster〉도 영국인 주치의가 그 주인공인데, 한국의 〈부부의 세계〉에서는 비급여진료 중심의 건강관리를 하는 민간클리닉의 고용의사(봉직의)가 그 주인공으로 나온다.

모든 문화예술은 현실을 반영하기 나름이다. 메디컬 드라마에서 보여주는 의사 상이 한국에서는 주로 〈하얀거탑〉 이전에는 〈의가형제〉처럼 권력관계에 집중했다면, 최근 20여 년 동안에는 특정 진료과나 응급수술 등에 집중하는 미국 드라마의 양태를 보인다. 그리고 그 정점을 찍은 것이 바로 〈슬기로운 의사생활〉이다. 〈낭만닥터 김사부〉가 영리의료와 비윤리적 의료행태에 반감을 둔 의사들에 대한 대중적 열망을 반영했다면, 〈슬기로운 의사생활〉은 이제 더는 보기 힘든 의사 상들을 한데 모은 일종의 판타지적 성격을 띤다.

우선 〈슬기로운 의사생활〉의 주인공은 소아외과, 신경외과, 흉부외과, 산부인과, 간담도이식과 의사들이다. 대학병원이 아니면 환자가 없고, 실제 지금 우리 사회가 부족하다고 아우성치는 외과의사들이다. 이 분야 의사가 부족한 이유는 앞서 여러 차례 거론한 영리의료 문제, 행위별수가 문제, 의학교육 문제에 얽혀 있다. 하지만 드라마에서는 이런 원인을 도외시한 채 우수하고 따뜻한 한 세대의 일군의 의사들이 대학병원에서 헌신과 봉사를 하고 있는 개인적 결단을 보여준다. 그리고 더 큰 문제는 이런 훌륭한 개인적 결단을 뒷받침하고 있는 주체가 바로 거대 사립대학병원으로 그려지고 있다는 점이다. 사립대학병원은 실제로 이런 문제에 책임이 없고, 고도기술의학의 공급자로서 중립적인 성격을 띠는 존재다. 도리어 〈슬기로운 의사생활〉에서는 재단 소유주의 일원인 의사가 당연하다는 듯이 부자 환자들을 VIP 특실에 입원시켜 고액의 비급여진료비를 받고, 이를 가난한 환자의 치료비 보존에 쓰는 것으로 그려진다. 이 과정에는 일말의 문제 제기나 껄끄러움도 없다.

부자 환자들이 낸 초과진료비를 의사 개인의 판단으로 시혜적 치료에 사용하는 것은 '의료가 베푸는 일'이라는 점을 강조하기 위해서는 일면 타당할지 모르나 현대 국가의 보건의료체계에서 보면 후진성을 드러내는 것이다. 왜 부자를 부자 의사가 헌신적으로 치료

해서 그 비용을 모아 가난한 사람을 도와야 하는지에 대한 설명은
전혀 나오지 않는다. 건강보험제도나 공공의료체계가 잘되어 있다
면 누구나 의료비 걱정 없이 필요한 치료를 받을 수 있다. 즉 〈슬기
로운 의사생활〉이 보여주는 한국 의료 현장은 선별적 의료보장과
의사 개개인의 품성에 기대어 운영되는 시혜적 보건의료체계에 기
반해 있다.

그런데 아쉽게도 한국 사회에는 이런 선량한 의사와 의료법인이
많지 않다. 특실입원료의 초과이익이 가난한 환자에게 도달하지 않
고, 소아외과, 흉부외과 전문의는 대학병원에 고용되고 싶어도 자리
가 없으며, 막상 개원가開院街에 진입하면 본인도 영리의료를 하지
않으면 임대료와 인건비를 감당하기 어려운 상황에 처해 있다. 다
시 말해 너무도 당연한 듯이 그려지는 〈슬기로운 의사생활〉의 진료
모습은 우리의 마음속에 있는 판타지에 불과한 것이다.

한국 의료는 의료광고의 범람, 오랫동안 방치된 의료사고, 마음
속 판타지의 결합판이다. 물론 이런 혼란한 상황 속에서도 전국 1등
부터 3000등까지 의사가 되기 위해 노력하고 있고, 공부를 잘했다
는 것을 입증하기 위해 의과대학에 들어오는 능력주의 모델이 횡행
하고 있다. 왜 이런 사회현상이 초래되었는가에 관해서는 앞서 살
펴본 바 있지만, 이 문제는 공공의료와 건강보험제도의 보강만으
로 즉각적으로 해결되기 힘들 수 있다. 사회문화적 측면에서도 이
런 접근이 잘못되었다는 광범위한 사회적 공감대가 형성될 필요가

있다.

돈 버는 기술 아닌 인간 살리는 기술

현대는 기술의학의 전성시대다. 불과 수십 년 전만 해도 의학기술
은 일부 검사와 수술, 처치에 의존했다. 하지만 현재는 각종 영상
장비, 수많은 검체검사, 표적면역항암제를 위시한 생물학적 치료
제 등이 하루가 다르게 기술적으로 발전하고 있다. 최근에는 인
공지능AI을 이용해 진단과 처치, 처방을 결정하려는 시도가 확대
되고 있고, 실시간 인체 모니터링 결과와 각종 활력징후를 빅데이
터로 통합해 의료기록을 광범하게 관리하는 의료디지털화medical
digitalization도 추진되고 있다. 기술의학의 성과도 연일 주요 언론의
기사나 새로운 연구 결과로 보도되면서 이제 바야흐로 인간은 기
술발전을 통해 질병에서 해방될 수 있다는 장밋빛 전망도 나오고
있다.

그런데 이런 기술 발전적 의료관은 사실 다소 과장되어 있다. 기
술의학의 발전으로 말미암아 의료 부문이 비약적으로 발전할 수
있을 것이라는 전망은 꽤 오래전부터 나왔다. 대표적으로 1960년
대 유전자 정보 구조가 밝혀지고 컴퓨터의 도입으로 단층촬영이 가
능해지면서 이런 과장은 주기적으로 나타났다. 유전자 이중나선구

조가 밝혀지고, 인간게놈프로젝트가 시작될 시점에는 유전자 파악과 조작으로 수많은 질병을 치료할 수 있을 것이라는 희망이 난무했다. 유전자 결정론을 불러일으킨 이런 경향은 실제 2000년 초 인간게놈프로젝트가 인간 유전자의 99.9%를 파악했으나 실제 질병의 0.0001%도 해결하지 못하게 되면서 중단되었다. 이후 단백질체학proteomics을 통해 질병의 원인을 개개인의 유전자나 단백체 구성 문제에서 밝히려 했으나 현재 이는 실패한 상태다. 다시 말해 기술의학의 발전이 질병의 원인을 대부분 밝혀 맞춤형 치료를 가능하게 한다는 신화는 아직도 여전히 기대에 머물러 있다.

  도리어 유전자검사기술은 이후 비약적으로 발전해 현재 그 정밀도가 매우 높아졌다. 하지만 과거부터 진단되던 단일염색체 단일질환 같은 유전병을 제외한 대부분 질병에서 유전자검사의 중요성은 아직도 낮다. 그나마 면역항암제의 개발로 항암제를 고르거나 항암제의 내성을 파악하는 데 유전자검사가 이용되는 편이지만, 유전자검사로 암의 발병을 예측하거나 치료계획을 설계하는 일은 아주 제한된 범위에서 행해지고 있다. 이는 실제로 대부분의 질병이 다양한 사회적 요인에 의해 발생한다는 점에 기인한다. 질병은 사회관계, 식이상태, 주거환경, 수면의 양과 질, 노동조건, 학력 수준 등 매우 다양한 요인에 의해 발생한다. 그리고 이런 다양한 요인은 쉽게 해결되지 않는다. 따라서 기술의학은 질병을 예방하는 데 있어서는 거의 도움이 되지 못한다.

컴퓨터의 개발과 단층촬영의 발전도 비슷한 궤적을 걸어왔다. 전신 스캔을 통해 그동안은 보지 못했던 인체 내부를 자세히 관찰하게 되었지만, 이런 검사의 발전이 추적 관찰이나 검진 수준을 넘어 치료기술로 나아가지는 못했다. 고주파치료나 표적방사선치료 등이 개발되고 있으나 현재 실험적인 치료장비(양성자치료기, 사이버나이프 등)는 지나치게 고가이고, 그조차 정상조직의 손실을 확실히 막아 부작용을 최소화할 수준까지는 도달하지 못했다.

현재도 더 해상도가 높고 미세한 범위까지 확인할 수 있는 검사기술이 매년 업그레이드되고 있지만, 미세한 수준에서 정상세포와 비정상세포를 구분해서 파괴할 수 있는 단계까지 치료기술이 나아가는 것은 불가능하다는 결론에 이르고 있다. 현미경 수준에서만 분석 가능한 조기 질환의 발견을 고해상도 자기공명영상으로도 해결할 수 있을지는 앞으로도 요원하다. 다만 이런 장비로 상당수의 환자가 도움을 받고 조기 수술을 받을 수 있었던 것은 사실이다. 하지만 그런 처치와 수술의 결정은 결코 영상검사에서 도출된 단순 결론이 아니었다. 이는 환자의 상태를 다각도로 분석한 경험 많은 의사의 결정에 따른 것이었다.

백신과 질병의 상관관계나 검사장비와 특정 치료의 상관관계를 다룬 통계자료를 확인해 봐도 기술의학의 발전이 가져온 여러 치료기술과 진단기술의 효과가 실제보다 과장되어 있다는 것을 알 수 있는데, 이는 이런 기술 요소가 모조리 사업 영역이어서 영리적 동인이 크기 때문에 발생한다. 검사장비, 처치장비, 면역항암제 등은 소위 항상 차세대 산업으로 불리는 바이오헬스산업의 핵심이다. 산업의 핵심으로 자리매김하다 보니 작은 성과도 수익성에 영향을 줄 수 있어서 홍보 대상이 되고, 이를 수행하는 의사들도 로비 대상이 된다. 또한 환자는 지푸라기라도 잡고 싶은 심정에 미세한 영향을 미치더라도 고도 의료기술을 받고 싶어 한다(2장 3절에서 다룬 환자 사례들을 상기해 보자).

필요에 따라 선택된 기술의학이 아니라 소비 중심의 기술의학으로 편향되면 의료공급과 관련해 두 가지 문제가 발생할 수 있다. 첫 번째 문제는 의료상품화의 가속화다. 기술의학은 의료 문제가 기술적 접근, 장비, 약품으로 귀착되는 결과를 초래하고, 이들 기술발전에 자본이 집중되고 상품화가 가속화되는 경향을 낳는다. 의료상품화 경향과 기술의학의 상호 강화하는 관계 속에서 의료 부문은 공적이고 필수적인 사회서비스에서 시장상품서비스로 변모하게 된다.

두 번째 문제는 기술의학으로 인해 의료공급자, 특히 의사의 객체화가 이루어진다는 것이다. 의료공급자는 기술제공자, 다시 말해 기술자technician로서의 역할이 더 강화되고 기능적 역할에 집중하게 된다. 이는 의학교육에도 막대한 영향을 미칠 뿐 아니라 의료공급에서 환자를 직접 상대하고 환자의 마음을 어루만져야 할 의료인이 규격화되는 결과를 초래하고 만다. 미국이나 한국 같은 의료상품화가 가속화된 국가에서는 이런 경향이 더 심한데, 환자-의사 관계는 계약관계 혹은 기술제공자와 기술수요자의 관계로 고착화하고 만다. 결국 기술의학을 강조하면서 발생한 공급자의 성격 변화는 의료 현장의 건조함과 상업화를 부추기게 된다.

이러한 문제 때문에 기술의학 발전을 추구하면서도 기존 의료의 본령을 지키는 제도적 토대가 마련될 필요가 있다. 유럽 국가들에서는 환자-의사 관계를 유지하기 위한 최소한의 안전장치로서 지역 일차의료에 주치의제나 환자등록제를 도입하고 있다. 또한 기술의학, 특히 고도 의료기술의 적용조차 일차의료의사의 조력 혹은 검수하에 적용되도록 하는 구조도 가지고 있다. 이런 구조가 전혀 없는 미국과 한국에서 의사가 문지기가 아닌 기술자로 역할하고 있는 것은 부실한 제도적 토대가 낳은 당연한 결과일지도 모른다.

돌보는 의료로의 복원

'의료가 무엇인가?'라는 질문에 대해 그 답을 간단히 몇 마디로 정리할 수는 없을 듯하다. '의료'란 아픈 이를 치료하는 것인데, 여기서 '치료'가 무엇을 의미하는지는 사회적 가치에 종속될 수밖에 없다. 그렇다면 의료라는 단어 자체는 어떤 의미를 담고 있을까? 연재 칼럼 '상품화된 의료에 돌봄은 없다'에서 김창엽 교수는 의료(치료,

진료도 같다)의 '료'와 요양의 '요'는 같은 한자(療)를 쓰며, 이것이 '돌봄'이고 외국말로 '케어care'라고 쓴다고 기술한 바 있다.[59] 다시 말해 돌봄과 치료는 실제 같은 영역이었지 분리된 영역이 아니었다는 것이다. 실제로 과거에는 의료의 중심이 치료보다는 요양에 있었다. 그래서 병원은 치료공간보다는 휴양기관의 성격이 더 강했다. 하지만 현재의 의료는 여러 가지 요소 중에서 치료 부분만 분리된 측면이 강하다. 그래서 앞서 말한 치료 부분의 강화가 기술의학으로의 과도한 집중으로 나아간 것이다.

현재 우리가 추구해야 할 가치는 '돌보는 의료'다. 의료란 개인의 질병상태를 개선하는 것 외에도 돌봄을 통해 건강상태를 유지시켜 사회로 복귀하게 만드는 목적이 있다. 원래 '의료'라는 개념 자체에 당연히 포함되어 있고, 이제 과도한 의료상품화와 상업화에서 탈출하기 위해서도 '돌봄'을 의료의 중심 가치로 복원할 필요가 있다. 이를 위해 제도적으로는 지역 일차의료를 강화해야 한다. 지역 일차의료는 최초 접촉의 의미 외에도 의료와 거주지, 지역사회가 공존한다는 뜻을 담고 있다. 복잡한 검사와 첨단치료는 필요에 의해 선택적으로 적용하고, 지역사회 자체를 건강한 사회로, 건강증진이 가능하고 예방이 가능한 곳으로 만들 필요가 있다. 그래야만 돌봄도 지역사회에서 실질적으로 가능해진다.

세계보건기구는 1978년 〈알마하타 선언〉을 통해 병원 중심적인 의료체계를 지양하고, 건강 패러다임의 변화와 그에 따른 변화된 목표를 제시한 바 있다. 1) 협력과 세계평화, 2) 새로운 국제 경제 질서, 3) 건강의 사회적 결정 요인 인식, 4) 건강증진에 있어서 다른 부문들을 참여시킬 필요성, 5) 일차보건의료의 기획·실행·관리에 대한 지역사회 참여, 6) 건강형평성 추구 등을 건강 패러다임의 핵심으로 제시했다. 세계평화, 형평성 추구 등은 공허한 정치구호처럼 들릴 수 있으나 사실 건강과 의료 문제에서 이는 핵심일 수밖에 없다. 의료에 필요한 핵심 가치는 다름 아닌 '평화 지향'이다. 전쟁과 폭력이 불러일으킨 건강상의 위해는 상상할 수 없을 정도로 크다.

평등한 경제질서 실현과 사회적 불평등 해소 역시 의료의 가치다. 불평등이 가속화되고, 주거, 교육, 노동, 식이 등 일상생활의 불균등이 심화하면 온전한 건강증진은 불가능하다. 영국에서 이루어진 다양한 연구들도 "평등할수록 건강하다"라는 결론을 도출한 바 있다.[60] 따라서 '평등 지향'도 의료의 가치가 되어야 한다. 그렇다면 공급 측면에서도 평등하고 균등한 의료공급이 절대적으로 필요하다. 개개인의 건강을 위해서는 선택적인 의료공급이 아닌 평등한 의료공급이 이루어져야 하고, 필요에 따른 자원 배분이 필히 전제되어야 한다. 의료공급의 균등화는 앞서 살펴봤듯이 보편적 건강보장(건강보험제도)을 통해 이루어져야 하는데, 이것이 바로 대부분의 국가에서 구현되고 있는 불완전하지만 필수적인 복지의료 모델이다.

끝으로 지역사회의 참여, 건강증진에 대한 여러 부분의 참여는 의료공급을 공공적이고 공익적으로 해야만 가능하다. 민간의료공급은 수익과 자본 동학을 중심으로 움직일 수밖에 없다. 수익성도 없고 번거롭기만 한 지역사회와 의료기관의 연계, 의료의 기획·실행·관리 등에 대한 지역사회의 참여는 쉽게 이루어질 수 없다. 이런 과제는 공공의료체계에서 달성될 수 있으며, 돌보는 의료는 결국 공공의료하에서만 온전히 추구될 수 있다. 돈벌이가 안 되지만 돌봄을 중요하게 생각하는 의료인도 공공의료체계에서는 더 큰 뜻을 펼칠 수 있다.

앞으로 한국 사회가 '인간을 살리는 의료'로 가기 위해서는 수단과 기술이 아니라 '가치'를 중심에 둔 공공의료를 지향해야 한다. 그리고 의료의 본령인 '돌보는 의료'를 사회적으로 공유하고, 의료 교육 현장에서 이를 중심으로 삼는 의료인력 양성 시스템을 구축할 필요가 있다.

8 공공의료 강화를 위한 국민건강보험의 과제

과연 재정 건전성이 문제일까

문재인 정부는 국민건강보험의 보장성이 정체되는 원인을 비급여 진료 관리 문제에 있다고 보고, 2017년 8월 '문재인 케어'를 발표했다. 기존 비급여진료 항목의 점진적 축소라는 관점에서 '의학적으로 필요한 비급여진료의 완전 해소'를 목표로 삼았다. 이에 비급여 진료 대상을 4대 중증질환이 아니라 모든 질환으로 확대했고, 선별적 건강보험 적용방식인 포지티브 방식에서 건강보험 적용 후 평가를 통해 급여 대상에서 제외하는 네거티브 방식의 예비급여를 도입했다.

문재인 케어의 주요 성과는 암, 심혈관질환, 뇌혈관질환, 희귀난치성질환 등 4대 중증질환 보장과 선택진료, 상급병실, 간병 등 3대

비급여진료 항목에 대한 보장성 강화로 요약된다. 그러나 건강보험 보장률은 2017년 대비 1.5% 증가한 64.2%로, 문재인 정부의 공약이었던 건강보험 보장률 70%에는 도달하지 못했다. 비급여진료에 대한 접근방식을 전환했지만, 신규 비급여진료 항목을 통제할 수 있는 기전 없이 보장성 강화를 위한 특별한 정책 방안이 추진되지 못했기 때문에 문재인 케어가 성공했다고 평가하기는 힘들다. 임기 내 건강보험의 누적 흑자에도 불구하고 더 적극적인 보장성 강화 정책은 실행되지 않았고, 더욱이 국가 재정이 아닌 건강보험 재정으로 시행된 보장성 강화 패키지에 대해 '문재인 케어'라고 명명한 것은 정권의 치적을 높이려는 의도로밖에 보이지 않는다. 이러한 정치적 의도는 정부가 마땅히 책임져야 할 보건의료에 대한 재정 투입은 뒤로 한 채 정책 결정의 독점권을 쥐고, 사회보험 재정을 정부의 뜻대로 사용해 온 역사적이고 구조적인 문제에서 비롯된다. 이후 윤석열 정부는 지난 정부의 정책 지우기의 일환으로 '문재인 케어'라는 이름으로 진행된 보장성 강화 정책을 폐기해 왔다. 국민건강보험 가입자의 이해와는 무관한 두 정권 사이의 신경전으로 인해 시민은 갈팡질팡 헤매게 되었다.

윤석열 정부는 사회보험 전반에 대해 긴축정책을 펼치면서 건강보험 재정에 대한 위기설을 부각했다. 이 위기설은 문재인 케어를 시행한 5년 동안 건강보험 재정 지출이 커지면서 2040년 누적 적자가 678조 원에 이를 것이라고 분석한 자료에 근거했다. 하지만 윤석열 정부가 근거로 제시한 미래재정 적자는 문재인 케어와 직접 관련된 것이 아니라 고령화에 따른 지출 증가 때문으로 보는 것이 타당하다. 문재인 정부의 초기 건강보험 누적 적립금은 20.1조 원(2016년)으로, 2022년에는 20.2조 원을 유지했다. 또한 윤석열 정부의 건강보험 재정 위기설의 근거였던 재정 추계 자체도 2026년 건강보험료율의 상한선이 8%에 도달한 이후 보험료 인상이 전혀 없다는 가정하에 이루어진 것이기 때문에 위기설을 부각하기 위해 무리한 가정을 한 것으로 볼 수 있다. 건강보험의 진짜 문제는 재정 건전성에 있는 것이 아니라 의료비의 공공지출이 부족해서 환자부담금이 많고 민간보험에 대한 의존도가 지나치게 높다는 점에 있다.

그러므로 국민건강보험의 보장성을 강화하기 위해서는 오히려 공공지출의 비중을 늘려야 한다. 또한 윤석열 정부가 비판한 '환자의 도덕적 해이'는 사실상 과잉진료를 유도하는 '공급자의 도덕적 해이'로 보는 것이 맞다. 한국은 1인당 의사 진찰 건수가 OECD 국가 중 가장 많은 1위로, 이는 행위별수가제와 관련이 깊다.[61] 특히 95%가 민간병원인 상업적 의료체계에서 진단과 치료행위는 수익 창출과 직결되는 경제적 유인 효과가 크다. 이러한 구조에서 공공의료와 일차의료는 모두 설 자리를 잃어왔다. 한국의 민간의료공급 구조에서 국민건강보험을 시행한 이후에도 일차의료를 위한 전달 체계는 구축되지 못했다. 그 결과 주치의 부재, 혼합진료 성행, 비급여진료 항목의 활성화 등이 이루어졌고, 건강보험을 통한 의료보장성 강화는 답보상태에 빠지고 말았다. 이렇듯 공공의료체계를 전혀 정비하지 못한 채 한국 사회는 초저출생·초고령사회를 맞게 되었다.

초저출생·초고령사회 대응을 위한
국가 재정 의무 강화

한국 사회에서 아기 울음소리가 점점 사라지고 있다. 2023년 교육방송EBS 다큐멘터리 〈초저출생〉에 출연했던 캘리포니아 명예교수인 조앤 윌리엄스가 한국의 합계출산율을 듣고 "대한민국 완전히 망했네요. 와!"하는 장면이 유명한 밈이 됐다. 합계출산율Total Fertility Rate, TFR은 한 여성이 15세에서 49세 기간 동안 낳을 것으로 기대되는 평균 출생아 수를 의미한다. 한국의 합계출산율은 2023년 0.72명으로, 1970년과 비교해서 4분의 3이 감소하면서 통계 작성 이래 최저치를 기록했다. 이러한 저출생 현상은 1983년 이래 지속되고 있고, 2002년부터 한국은 합계출산율이 1.3명 이하인 초저출산 국가로 진입했다. 가임여성 100명 중에서 태어날 것으로 기대되는 아이의 숫자가 70명 수준이 된 대한민국은 급변하는 인구위기에 봉착했다.

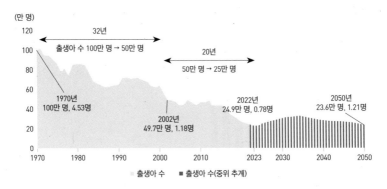

주: 2022년까지는 실적 및 잠정치, 2023년부터는 장래인구추계(중위) 전망치임
자료: 통계청, 인구동향조사 및 장래인구추계

그림11 출생아 수 및 합계출산율 추이(1970~2050년)

대한민국의 총인구는 2020년 5184만 명으로 정점을 찍은 후 사망자 수가 출생아 수를 넘어서기 시작했다. 통계청의 미래인구 추계를 살펴보면, 2030년 5120만 명에서 2070년 약 3800만 명으로 40년간 4분의 1 이상 감소할 것으로 추계했다.[62] 인구수와 생산연령인구의 비중이 증가하면서 꾸준히 경제성장을 이룬 시기를 '인구보너스Demographic Bonus', 이와 대조적으로 생산연령인구는 줄어들면서 부양할 노년층은 증가하는 시기를 '인구 오너스Demographic Onus'로 구분한다. 한국은 인구 오너스로 접어들면서 사회부양비 마련을 위한 대책이 시급해졌다.

0~14세의 유소년인구와 15~64세의 생산연령인구 모두에서 인구가 급감하는 반면, 기대여명의 증가로 65세 이상 인구는 증가하

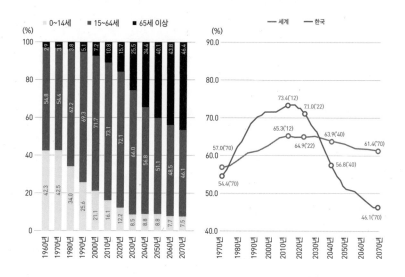

그림12 연령별 인구구성비(1960~2070년)와 생산연령인구 구성비(1970~2070년)

고 있다. 2017년을 기점으로 65세 이상 인구는 707만 6000명(인구의 13.8%)으로 유소년인구 657만 1000명(인구의 13.1%)보다 최초로 많아졌다. 생산연령인구 구성비는 2012년 73.4%로 정점을 찍은 후 꾸준히 감소하여 2070년에는 인구의 절반도 되지 않는 46.1%까지 낮아질 전망이다(그림11 참조).

해외로부터 유입되는 인구가 크게 늘지 않는 조건에서 출생률이 증가하지 않으면, 전체 인구에서 유소년인구와 생산연령인구의 비중은 급격히 감소하고 65세 이상 인구만 증가한다. 이럴 때 생산력과 부양 비용 모두에서 적색등이 켜진다. 생산연령인구 100명에 대한 65세 이상 인구의 비율인 노년부양비가 급등하기 때문이다.

2020년 기준으로 생산연령인구 100명당 21.8명이었던 노년부양비는 2040년 60.5명으로 20년 만에 177.5%, 거의 2배 가까이 급증한다. 이는 1955~1963년생에 해당하는 710만 명의 베이비붐 세대가 2030년 이후 65세 이상으로 진입하면서 가속화될 전망이다. 급격한 인구구조의 변화는 이미 21세기 초반부터 예견되었지만, 출생률 제고를 위한 국가 정책들은 실패하고 말았다.* 그런데도 정부는 이런 사회 변화를 대비하기 위한 태세 전환 없이 증가할 부양비 가운데 일부는 개인에게, 일부는 사회보험료 재정에게 전가할 방법만 찾고 있다.

사회보험제도는 시장에서 계약되는 사보험과 구분되는 재정 원리로 운영된다. 사보험은 위험을 분산한다는 목적 아래 자조 원리에 따라 위험에 따른 재정을 개인이 모두 부담한다. 가입자가 낸 보험료 수입과 지급되는 급여 총액이 균형을 이루어야 하고, 결코 지출액이 수입보다 커지면 안 된다. 사보험은 이러한 원칙을 따라 '완전적립방식'으로 운용된다. 즉 가입자가 부담한 보험료는 그대로 적립되어 그 재정으로 급여가 지급된다. 또한 사기업은 이윤 창출

---

* 2006년부터 '저출산고령사회 위원회'가 출범하여 5년마다 저출산·고령사회 기본계획을 마련하고 이를 시행하고 있다. 2020년 제4차 저출산·고령사회 기본계획 (2021~2025년)이 발표되어 추진 중이다. 1차 20조 원, 2차 61조 원, 3차 153조 원이 투입되었고, 4차에서는 가정치로 273조 원이 투입될 예정이다. 그러나 합계출산율은 1차 시기 평균 1.19명, 2차 시기 평균 1.23명, 3차 시기 평균 0.98명으로 재정 투입 대비 뚜렷한 성과를 내지 못했다. 더욱이 4차 예산에서 신혼부부와 청년 주거 지원이라는 명목하에 출자 및 융자되는 예산이 23조 원(저출산 대응 예산 중 49.2%) 가까이 되면서 정책 목표가 부동산 부양책과 구분되지 못하는 실정에 있다.

을 목표로 하므로, 보험상품을 통한 이윤 추구가 가능할 때만 상품이 유지된다. 최근 각종 실손의료보험의 보험료율이 꾸준히 증가하는 이유는 적립금 소진과 비급여 비용에 대한 막대한 지출 때문이다.

반면 사회보험은 사회부양 원리를 따르므로, 계급적·사회적 연대를 기반에 둔 '부과방식'으로 운영된다. 부과방식은 그해 예상되는 지출 총액을 가입자의 보험료로 충당하는 방식으로, 기금 적립은 필요하지 않다. 이런 방식이 가능한 이유는 사회가 지속되는 이상 경제활동인구는 유지되고, 그 결과 새로운 가입자가 계속 유입될 수 있기 때문이다. 그러므로 적립방식의 폐쇄적인 재정 운용은 필요하지 않다. 다만 경제위기 같은 위험이 발생할 때를 대비해서 급여를 지급할 수 있는 준비금 정도가 필요하다. 국민건강보험은 급여 비용 충당에 지출할 현금이 부족할 경우를 대비해서 준비금을 둔다(〈국민건강보험법〉 제38조). 준비금은 회계연도마다 결산상 잉여금 중에서 그 연도의 보험급여에 든 비용의 5% 이상에서 최대 50%까지 적립할 수 있다. 2023년 급여 관련 지출 비용은 약 90조 원 규모다. 그러므로 4.5조 원의 준비금만 마련되면 충분하다. 따라서 부과방식의 재정 운영을 따르면 먼 미래의 재정을 위해 미리 돈을 적립할 필요는 없다. 오히려 사회보험제도에서 적립금을 만드는 것은 인플레이션, 자산가치 하락 등과 같은 국민경제에 부정적인 영향을 미치는 문제들을 발생시킬 수 있으므로, 이런 방식을 채택하는 국가는 거의 없다. 다만 공적 연금의 경우 1990년대 중반 이후 세계은 행이 '금융의 지구화'에 발맞춰 부과방식으로 운영되던 공적 연금 에 대한 적립금 전환을 요구한 바 있다. 하지만 세계은행의 권고대 로 민영화를 추진한 칠레의 경우 아무런 효과를 거두지 못한 채 실 패하고 말았다.

국민건강보험은 매해 가입자가 낸 보험료로 총급여에 대한 지 출을 담당했고, 이러한 운영방식은 지극히 자연스럽다. 그런데 2011년 1.6조 원 흑자가 발생한 이후 2022년 23.9조 원이 누적 적 립되었다. 누적 적립금의 규모가 커진다는 의미는 가입자의 의료 비용을 건강보험급여로 제대로 보장하지 않았거나 필요 이상의 보 험료 수입을 취했다고 해석할 수 있다. 그런데도 가입자를 대변해 야 할 보험자인 국민건강보험공단과 정부는 초고령사회의 의료 비 용을 내세워 당장 건강보험 재정에 적신호가 켜진 것처럼 재정위기 공포를 조장하고 있다.

국회예산정책처는 2023~2032년 국민건강보험 재정 전망에 대 해 2024년부터 적자로 전환된 후 2028년에는 준비금을 소진하고, 2032년에는 누적 적자액이 61.6조 원에 달할 것으로 전망했다. 그 러나 제2차 건강보험종합계획에 담긴 재정 전망은 이와 다르다. 2024년에는 2조 6402억 원, 2025년에는 4633억 원의 흑자를 기록 하고, 2026년에 이르러 적자로 전환된 후 2027년 당기수지 적자를 예상했다. 준비금은 2027년까지 유지는 되지만, 지급할 수 있는 개

구분	'24년	'25년	'26년	'27년	'28년
총 수입	988,955	1,045,611	1,115,364	1,183,196	1,252,201
총 지출	962,553	1,040,978	1,118,426	1,191,091	1,268,037
당기수지	26,402	4,633	▲3,072	▲7,895	▲15,836
준비금	306,379	311,012	307,940	300,045	284,209
(지급가능월 수)	(3.8개월)	(3.6개월)	(3.3개월)	(3.0개월)	(2.7개월)

단위: 억 원, 개월

표6 국민건강보험의 향후 5년 재정 전망(2023~2028년)

월 수는 감소한다.

두 전망이 추정한 적자 전환 시점과 준비금 소진 시점은 서로 상이하다. 재정 전망은 현재의 조건을 기반으로 미래재정을 추계하기 때문에 정답이 있는 것은 아니다. 다만 재정추계를 통해서 경향성을 파악하고, 미리 조정할 수 있는 부분을 정비하는 것이 필요하다. 그런데 항상 적자와 준비금 소진에만 초점을 맞춰 미래재정을 추계하면서 마치 현재의 제도에 문제가 있는 것처럼 조장하는 관점은 분명 재고할 필요가 있다. 국민건강보험은 단기 재정이므로, 적자가 발생하면 매해 보험료 조정 등을 통해 이에 대응할 수 있다. 문제는 초고령사회에 대비하기 위한 국가의 구조적 차원의 노력은 보이지 않고, 보험료 수입과 지출만을 두고 적자와 준비금 규모의 적정성만을 논하는 태도에 있다. 이는 직면한 인구위기 상황에서 국가는 손을 놓고 있겠다는 것과 진배없다.

정부는 매년 예산 범위에서 해당 보험료 예상 수입의 20%(일반회계에서 14% + 담배세에서 거둬들인 건강증진기금 6%)를 지원해야 한다. 그런데 이 제도는 5년 일몰제로 운영되고 있어서 불안정하고, 국가는 예상 수입의 20%보다 과소 지원하고 있다. 2020~2022년 국고 지원금 비중은 평균 14.1%에 불과했다.[63] 이제까지 국가는 국민의 의료보장을 위한 재정 책임에 소극적으로 임한 것으로 평가할 수 있다. 그러면서 각종 미래재정 추계만을 제시하면서 재정 안정성을 강조했지만, 정작 지난 시기까지 국가의 의무와 책임은 다하지 못했다. 지출 측면에서 초고령화는 피할 수 없는 현실이자 미래이고, 급여 확대에 따른 지출 증가는 보장성 증가와 맞닿아 있다. 지출이 증가할 수밖에 없는 사회 환경에서 재정 안정성에 치우쳐서 사회적 부양을 개인 부양으로 전가한다면 현재보다 더 많은 책임과 부담을 시민 개개인에게 지우는 결과만을 초래할 것이다.

더 많은 개인 책임은 초저출생·초고령사회를 위한 해법이 아니라 인구위기에서 초래되는 문제를 더 심화할 뿐이다. 특히 의료보장과 관련된 재정 추계는 초고령사회에 증가할 수밖에 없는 의료비와 간병 및 요양 비용 등으로 인해 잔뜩 먹구름이 끼었지만, 불안한 재정 수치만을 내세워 의료보장의 기능을 축소한다면 개인과 가정의 부담이 커지게 되므로, 이는 결코 해결책이 될 수 없다. 임박한 초저출생·초고령사회에 대응하기 위해서는 아직까지 충분한 사회적 자원을 어떻게 배분할 것인지 원칙을 다시 세우고, 그 원칙을 지속할 수 있는 계획을 수립해야만 한다. 우리 사회가 노력해야 할 것은 부과 방식인 국민건강보험이 계속해서 유지되고 발전할 수 있도록 경제

활동에 참여하는 사람을 증가시키는 일이다. 이를 위해서는 고용률을 향상하고 양질의 일자리를 보편화하여 불안정노동을 최소화해야 한다. 또 적정 임금의 보장을 통해 소득을 인상하여 경제참가율을 높여야 한다. 이러한 전반적인 태세 전환이 없다면 사회를 믿고 아이를 낳는 사회는 다시 도래하기 어려울 수 있다. 사회의 지속 가능성이 보장되지 않는다면 영리의료도 건강보험도 의미를 잃게 된다. 그러므로 다시 아이를 낳고, 아이를 키울 만한 사회로 변화시켜야 할 전환점에 한국 사회가 서 있다는 점을 국가와 시민은 모두 인식해야 한다.

보장성 강화를 위한 체질 개선

의료전달체계Health care delivery system란 진료권을 소진료권·중진료권·대진료권으로 구분해서 단계별로 상위 진료가 필요하면 적시에 환자를 후송하기 위한 체계를 말한다. 또한 해당 진료권 지역 내에서 완결적인 의료 이용이 가능할 수 있도록 의료기관 간 협력과 의뢰를 할 수 있는 체계이기도 하다. 환자나 지역사회를 위한 의료전달체계는 한국 사회에서 '환자가 전달'되는 것으로만 오인되고 있다. 하지만 아프기 전에 건강을 관리하고, 질병이 생기면 빨리 파악해서 고칠 수 있도록 의료전달체계가 개인과 가정을 향하도록 해야

한다. 그런데 한국 사회에서는 도리어 시민이 의료전달체계를 향해
서 서 있는 형국이다. 의료보장체계를 갖춘 국가들은 대체로 일차
의료 기능을 중심으로 의료전달체계를 발전시켜 왔고, 일차의료가
잘 작동되면 보건의료체계 전반이 효과적으로 운영되어 지속성과
반응성Responsiveness을 높일 수 있다.[64]

여기서 말하는 일차의료Primary Health Care, PHC는 건강과 복지를 위
한 서비스를 지역사회에 더 가깝게 제공하기 위해 국가보건체계를
효과적으로 구성하고 강화하기 위한 사회 전체의 접근법을 말한다.
일차의료는 크게 세 가지로 규정할 수 있다. 첫째, 개인, 가족, 지역
사회가 자신의 건강을 책임질 수 있는 권한을 부여하는 다영역 정
책 및 조치를 통해 평생 사람들의 건강 요구를 충족시키는 통합건
강서비스다. 둘째, 일차의료는 건강증진에서 질병 예방, 치료, 재활,
완화치료 등 개인의 건강 요구를 포괄할 수 있다. 사람들의 필요에
초점을 맞추고, 그들의 선호를 존중하는 방식으로 의료서비스가 제
공되도록 한다. 셋째, 일차의료는 보편적인 의료보장을 달성하기 위
한 가장 포괄적이고, 공정하고, 효율적인 방법으로 널리 간주된다.
WHO는 충격과 위기에 대비·대응하고 건강체계의 회복력을 강화
하는 것을 일차의료의 핵심적인 역할로 규정하고 있다.[65]

이러한 일차의료를 효과적으로 달성하기 위해서는 주치의제도나
환자등록제가 필요하다. 그런데 사회보험이 시행된 지 40년을 훌쩍
넘겼고, 단일보험자체계로 재편된 지도 20년이 지났지만, 아직 한

국 사회의 의료전달체계에는 일차의료의 핵심인 주치의제도나 환
자등록제가 없다. 그 결과 대형병원과 수도권으로의 환자 쏠림 현
상 심화, 의료기관 간 역할 및 기능 미정립에 따른 혼란, 의료기관
간 연계와 협력 미비, 의료가 필요한 곳에 탄력적이고 유연한 의료
공급이 선제적으로 제공되지 못하는 문제 등이 발생하고 있다. 또
한 민간보험 확대에 따른 비급여진료량 증가와 이에 따른 상급종합
병원과 개원의의 증가로 인해 필요에 따른 의료공급이 아니라 영리
를 추구하는 방향으로 의료공급이 이루어지고 있다. 의료공급은 전
체적으로 많이 증가했지만, 질병 예방과 건강증진, 환자 중심의 의
료서비스는 기대하기 어렵다. 그러므로 의료공급체계의 근본적인
전환이 요구되고, 이를 위한 의료기관 간 연계와 협력이 절실하다.[66]
이러한 개혁의 방향은 제대로 된 일차의료전달체계의 구축으로 맞
춰져야 할 것이다.

전국민건강보험이 없는 미국에서도 건강유지조직Health Maintenance
Organization, HMO을 통해 주치의가 일차의료 기능을 담당한다. 영국의
국가보건서비스National Health Service, NHS는 공공보건의료 단일체계로
서 환자를 중심으로 보건의료기관들이 연계 및 협력하고 주치의제
도를 통해 일차의료를 실현하고 있다. 가장 시장적인 방식을 취하
는 미국도 부분적으로는 일차의료 기능을 수행하고 있고, 가장 공
적인 체계를 갖춘 영국은 주치의제도를 통해 일차의료체계를 유지
하고 있다. 이에 비춰 보면 한국의 의료전달체계는 오히려 예외적

인 사례라는 것을 알 수 있다.

그렇다면 일차의료가 실현되면 어떤 점이 좋을까? 우선 주민이 필요하다고 느끼는 건강 문제를 다룰 수 있다. 환자에게 의료체계에 대해 안내할 수 있고, 환자가 필요로 하는 문제에 대한 해결책을 의뢰할 수 있다. 그리고 환자와 의사 간에 지속적인 관계를 형성해서 건강 문제를 해결하는 데 있어 환자의 역할을 강화할 수 있다. 또 질병 예방과 건강증진에 더욱 쉽게 접근할 수 있고, 주민의 건강 유지를 책임지는 의료공급체계를 만들 수 있다. 마지막으로 전문진료보다 적은 비용과 적정한 의료기술로 건강 문제를 관리할 수 있다.[67]

일차의료가 추진되기 위해서는 주치의제도나 환자등록제가 실행되어야 한다. 주치의는 지역사회의 일정한 인구를 담당하고, 지역주민과 가장 먼저 접촉하며, 질병치료는 물론이고 예방과 건강증진, 건강 관련 교육 등을 포괄하는 의료서비스를 제공한다(포괄성). 또한 주치의는 질병 자체가 아닌 사람을 보며(전인성), 담당 환자에 대한 건강을 지속해서 관리하고(지속성), 진료를 통합적으로 진행한다(통합성). 여기서 진료의 통합성이란 사람을 호흡기, 소화기 등 장기별로 구분하여 진찰하는 것이 아니라 통합적으로 이해하고, 전체적인 맥락에서 치료를 도모하는 것을 말한다. 또한 환자에게 전문의 진료나 상급병원의 치료가 필요한지 판단하는 것도 주치의의 중요한 역할이다. 이처럼 주치의는 포괄성, 전인성, 지속성, 통합성의

원리를 중심으로 활동하고 문지기의 기능을 담당한다.[68] 더욱이 고령화가 심화하면서 만성질환에 대한 관리와 노령기 건강 예방이 더욱 중요해졌다. 또한 초저출생으로 인해 문을 닫는 아동소아과가 많아지면서 발생하는 의료공백 문제도 주치의제도로 대응할 수 있다. 더욱이 주치의제도를 통해 자연스럽게 진료비 지불제도의 변화를 도모할 수 있다. 행위별수가제 방식이 아닌 총액제나 인두제 같은 방식으로 전환할 계기를 제공할 수 있다.

주치의제도는 일차의료를 담당하는 의사를 두는 제도이기 때문에 공적인 의료전달체계로 전환할 수 있는 계기를 제공한다. OECD에서는 일차의료의 역량과 가능성을 충분히 실현할 방안에 대해 다음과 같이 제안한 바 있다.[69]

첫째, 일차의료를 위한 의료자원을 충분히 확보해야 한다. 이를 위해 일차의료에 더 많은 의사를 유인하고 확보하여 지역 간 분포가 균형을 이룰 수 있도록 하는 새로운 전략이 필요하다. OECD 국가 대부분에서 일반의General Practitioner 비중이 하락해 왔고 한국도 여기에 속한다. 독일은 전문의보다 일반의에 대한 보상을 높이면서 노동조건을 개선하는 등 일반의의 규모 유지를 위해 여러 가지 전략을 실행했다. 일본은 농촌 출신 의대생 선발을 특화했고, 독일은 일부 재정적 인센티브 제공과 함께 도시지역에 초임 의사의 개업을 제한하는 조치 등을 취해 효과를 거두었다. 또한 일차의료는 팀 접근이 중요하기 때문에 의사 말고도 간호사, 약사 등 보건의료인은 물론이고, 지역사회 마을지도자 등도 함께 참여해야 제대로 일차의료가 작동할 수 있다. 따라서 일차의료에 참여하는 보건의료인력 간에 적절한 역할 조정이 필요하다. 특히 간호사에게 좀 더 주민의 건강돌봄에 관여할 수 있는 권한을 주고, 지역 약사에게도 만성질환 환자의 예방과 관리에 대해 복약지도를 할 수 있는 역할을 부여해야 한다. 이러한 변화를 위해 국민건강보험공단은 지역사회 통합적인 관점에서 의료전달체계 전환에 맞는 진료비 지불제도를 마련하고, 주치의제도로 전환하기 위한 보험자로서의 계획을 제시해야 한다.

둘째, 환자 중심의 시스템을 만들기 위한 조직화가 필요하다. 이를 위해 팀이나 네트워크에 기반한 새로운 모델도 고안되어야 한다. 환자 중심의 일차의료 모델은 의료전문가의 다양한 조합에 의한 다학제적 진료, 지역사회에서 제공되는 포괄적인 보건서비스, 개인과 지역사회의 예방 및 관리를 위한 '위험의 계층화risk stratification'에 따른 건강관리, 의사결정 과정에 대한 환자 참여 보장 등을 포함해야 한다.

셋째, 적절한 인센티브를 제공해야 한다. 일차의료의 질을 향상하기 위해서는 보상이 따라야 하고, 의료제공자들 간의 원활한 협의가 권장되어야 한다. OECD 국가 중 13개국이 양질의 일차의료를 위해 새로운 진료비 보상방식을 운영한다. 이것은 주로 일차의료에만 적용되고, 다음과 같은 네 가지 유형으로 제공된다.

- 진료협업, 예방, 질병관리를 포함한 활동에 대한 보상
    : 일본, 이탈리아, 프랑스
- 양질의 진료에 대한 성과 기반 보상을 지역 약사까지 확대
    : 영국
- 일정한 기간에 여러 의료제공자에게 받은 서비스 비용을 포괄하여 만성질환자 1인당 지불보상액을 정하는 묶음 수가 보상
- 일정한 그룹의 인구집단에 대해 일차의료의사, 전문의, 진료 네트워크 혹은 병원이 서비스를 제공한 것에 보상액을 지불하는 인구 기반 보상
    : 독일, 미국의 메디컬홈

OECD는 고령사회에 따른 의료서비스의 질 하락과 재정 악화의 위험을 일차의료 중심의 의료전달체계 재편으로 극복할 수 있다고 권고했다. 특히 최근 몇 년간 전문가와 보건복지부가 그토록 강조해 왔던 지역사회통합돌봄(커뮤니티케어)을 위한 전제조건으로도 일차의료의 확립은 절실하다. 주치의제도를 도입하고 일차의료 중심으로 의료전달체계를 혁신하는 것에 의료계가 동의하지 않는다면, 초고령사회 진입 이후 증가할 의료비와 의료 양극화 및 의료 사각지대 문제 등에 대한 해법을 의료계가 먼저 내놓아야 할 것이다.

가입자의, 가입자에 의한, 가입자를 위한
국민건강보험으로

국민건강보험은 가입자가 내는 보험료를 재원으로 전 국민을 대상으로 운영하는 사회보험제도다. 사회보험은 법적으로 다양한 요구의 대립, 가령 사용자 대 노동자, 고소득자 대 저소득자, 보험자 대 수급자, 입법자 대 집행자 등의 대립을 조정하기 위해 수입과 지출 간의 분배 균형을 도모하여 입법 목적을 달성한다. 이 과정에서 헌법의 평등권이 적용되고, 〈사회보험법〉 원리와 사회정의가 실현된다.[70] 즉 사회보험은 공적 보험으로서 기본권 보호와 사회정의 실현을 추구한다. 따라서 국민건강보험 운영에 있어 재정만큼 중요하게 다루어져야 할 주제는 사회정의에 관한 원칙이다. 그런데 어느 순간부터 한국에서는 재정 안정화 및 영리화가 사회보험에 관한 논쟁에서 중심 의제로 자리 잡았다.

국민건강보험의 주무부처인 보건복지부(이하 복지부), 단일보험자인 국민건강보험공단(이하 공단), 의료급여에 대한 심사와 평가를 담당하는 건강보험심사평가원(이하 심평원), 이렇게 세 조직을 중심으로 국민건강보험은 관리·운영되고 있다. 복지부는 건강보험 관련 정책을 결정하고 업무 전반을 총괄하면서 공단과 위계적인 관계를 갖는다. 보험자인 공단은 가입자에 대한 자격 관리, 보험료 부과 및 징수, 보험급여 지급 등이 주요 업무다. 심평원은 요양기관(의료기

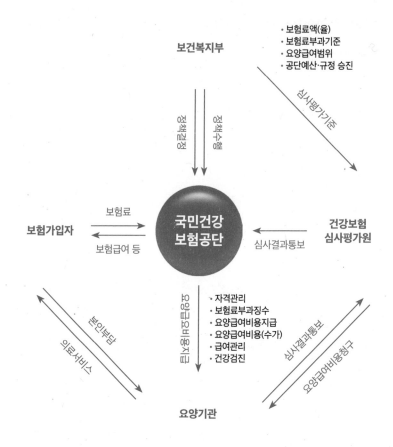

그림13 국민건강보험 관리운영체계

관)으로부터 청구된 요양급여 비용에 대해 심사하고, 급여의 적정성 평가를 담당한다.

국가는 사회보험 관리조직에 대해 관리운영비를 보조금으로 지원하면서 관리·운영 주체의 자율성을 약화하는 데 성공해 왔다.[71]

보험자는 존재하지만, 국가로부터 독립적이지 못한 보험자가 있을 뿐이다. 이런 보험자의 위치에서 오는 가장 큰 모순은, 보험자가 가입자의 이해를 국가를 향해 대변하지 못한 채 국가 주도로 제도가 좌우될 수 있다는 점이다. 2024년 의대 정원 증원 결정에 반발해서 병원을 떠난 전공의들로 인해 의료공백 문제가 발생했다. 정부는 병원을 지원하기 위해 수가를 올리고, 응급실 이용률을 낮추기 위해 본인부담금을 올리는 등 대통령의 일방적인 정책 결정에 대한 정치 비용을 건강보험 재정으로 전가했다. 원칙적으로 수가 인상이나 본인부담금 조정은 보건복지부가 결정할 수 없다. 무엇보다 가입자의 보장성 강화를 위해 지출해야 할 건강보험 재정이 정권의 정치 비용으로 사용됐다는 점에서 이는 도둑질과 다름없다. 정부가 이처럼 비상식적인 행태를 보일 때, 그리고 가입자의 이해와 정면으로 충돌할 때 보험자인 공단은 제 역할을 해야 한다. 그러나 현재의 구조에서 공단은 국가로부터 독립적이지 못한 한계를 가진다.

정부와 공단은 수직적 관계로, 공단 운영의 자율성이 낮고 공단의 역할이 수동적이라는 점을 두고 자주 비판이 제기되어 왔다.[72] 사회보험 국가인 독일에서 사회보험보험자Sozialversicherungsträger는 공법적 지위에서 사회보장 급여를 제공하고 운영하는 기관이다. 여기서 보험자는 '자치운영의 원칙Selbstverwaltungsprinzip'에 입각해서 국가로부터 독립되어 제도를 관리·운영한다.[73] 독일의 보험자인 '질병금고'는 연방 정부와 대등한 위치에서 정책 결정 과정에 참여한

다. 이러한 독립적인 보험자는 연방 정부와의 관계에서 가입자의
이해를 대변하고, 국가의 재정 책임을 촉구하는 역할을 할 수 있다.
보험자의 역할과 기능이 독립적이지 못한 조건에서는 가입자의 이
해 대변 역시 유명무실해지고 만다. 건강보험정책심의위원회(이하
건정심)와 재정운영위원회에 가입자 단체의 대표가 참여하고 있지
만, 위원회 구성 및 운영방식 등을 볼 때 가입자의 이해관계가 옹호
되고 보장받는 것은 많은 난관에 가로막혀 있다.

건강보험 통합 이후인 2000년 7월 공단이 단일보험자로 출범했
고, 의약분업 사태 후 재정위기를 겪으면서 〈건강보험재정건전화
특별법〉이 2002년 7월 제정되었다. 이때 〈국민건강보험법〉에 규정
된 '건강보험심의조정위원회'의 업무가 건정심의 업무로 승계되면
서 요양급여 기준, 요양급여 비용 결정, 보험료에 관한 사항을 심의
하고 의결하도록 했다. 건정심은 건강보험 요양급여 기준, 요양급
여 비용, 보험료 등 건강보험 정책에 관한 중요사항을 심의·의결하
기 위해 복지부에 설치된 국민건강보험 정책의 최고위원회다(〈국민
건강보험법〉 제4조). 위원회는 위원장 1명과 부위원장 1명을 포함하
여 25명의 위원으로 구성된다. 위원장은 복지부 차관이 맡게 되어
있고, 가입자 대표 8명, 의약계 대표 8명, 공익 대표 8명으로 구성되
며, 임기는 3년이다.

건정심은 보험료와 수가를 심의하고 결정하는 최고 기구다. 그런
데 이런 위원회에 공급자 대표들이 가입자 비율만큼 자리를 차지하

구분		소속	직위	비고
위원장	**정부**	보건복지부	제2차관	
가입자 대표 (8명)	노동자대표 (2명)	민주노총	사회공공성강화위원	보건의료노조위원장
		한국노총	부위원장	전국의료산업노조연맹
	사용자대표 (2명)	한국경영자총협회	전무	위원장
		중소기업중앙회	인력정책본부장	
	시민단체	한국YMCA	상임이사	
	소비자	한국환자단체연합	대표	의료기관평가인증원 이사
	농어업인	한국농업경영인중앙회	수석부회장	
	자영자	한국외식업중앙회	상임부회장	
공급자 대표 (8명)	의료계 (6명)	대한병원협회	보험위원장	
		대한치과의사협회	보험부회장	
		대한한의사협회	부회장	
		대한간호협회	회장	
		대한의사협회(2명)	부회장, 보험이사	
	약업계	대한약사회	부회장	
		한국제약바이오협회	부회장	
공익 대표 (8명)	정부	보건복지부	건강보험정책국장	
		기획재정부	경제구조개혁국장	
	공단 및 심평원	공단	급여상임이사	
		심평원	개발상임이사	
	전문가	보건사회연구원(2명)	선임연구위원	
			보건정책연구실장	(전)심평원부연구위원
		부산대학교	의과대학교수	
		경상대학교	약학대학교수	

(2023년 9월 27일 기준)

표7 건강보험정책심의위원회 구성

고 있다. 더욱이 가입자 8명 중 노동자를 대변할 수 있는 자리는 딱 2개뿐이고, 그 자리도 양대 노총에서 보건의료 산별노조 위원장을 파견하고 있다. 이런 점을 보면 직장가입자 중 일반 노동자와 시민의 이해가 대변되기 쉽지 않은 구조임을 알 수 있다. 반면 공급자는 과대 대표되고 있다. 또한 정부, 공단, 심평원 인사 4명, 그리고 정부로부터 위촉받은 전문가 4명 중 2명은 국책연구소 소속이고, 다른 2명은 의대와 약대 교수다. 이러한 구조 속에서 공공병원 설립이나 주치의제도 도입에 대한 논의가 균형 있게 진행되는 것을 기대하기는 어렵다.

건정심의 구성과 운영에 대해 계속 제기되는 문제는 정부의 과도한 영향력이다. 감사원에 따르면, 복지부가 의료계의 이익을 최대화하기 위해 '팔이 안으로 굽는' 형태를 보인 사례가 다수 적발됐다. 일례로 2019년 '남성생식기 초음파 급여화'와 관련해서 상급병원 진료 수익은 167억 원 감소했지만, 의원급 의료기관의 수익은 160억 원 증가하여 총액에서는 수익감소가 발견되지 않았다. 그러나 건정심 안건에서는 의료계에 170억 원 손실이 발생한 것으로만 기술되어 연간 180억 원의 손실보상을 유도하는 결론에 이르렀다.[74] 이 정도면 배임행위와 다름없다. 정부가 가입자에게 배임행위를 저지르는 것을 보면서도 공단은 보험자로서 가입자를 보호하지 못했다. 정부는 가입자나 보험자의 입장에 서기보다는 의료공급자의 처지에서 안건을 상정하고 회의를 운영해 왔다고 짐작할 수 있다.

건정심의 비민주적 거버넌스구조와 불투명한 운영을 개혁하기 위해서는 시민과 가입자가 정책 결정 과정에 참여하는 구조로 개편되어야 한다. 무엇보다 공급자의 참여는 최소화하거나 배제하는 것이 필요하다. 사회보험의 원리가 제대로 작동한다면 가입자와 공익을 대표하는 전문가의 결정 사항을 두고 보험자인 공단이 공급자와 추후 협상을 진행하면 되기 때문이다. 영리 중심의 민간의료체계를 지역 중심의 공공의료체계로 전환하기 위해서는 건정심의 지배구조가 가입자 중심으로 전면 개편되어야 하고, 정부의 건강보험에 대한 정책 독점성을 축소해서 보험자인 공단이 제 기능과 역할을 할 수 있도록 혁신되어야 한다. 정책 결정 구조가 이렇게 민주적으로 바뀌어야만 낮은 건강보험 보장성을 높일 수 있는 기반이 조성될 수 있다.

9 의료시스템 다시 세우기

좋은 의료란 무엇인가

보건의료는 그야말로 건강을 돌보고 질병을 치료하는 활동이다. 당연히 기술적으로 긍정적이며, 도덕적으로 선한 행위다. 하지만 현대사회로 오면서 '의료가 일으키는 병'도 있다는 인식이 생기기 시작했고, 무분별한 의료서비스 제공과 이용은 사회적으로 부작용을 가져올 수 있다는 인식도 늘어나고 있다. 이는 의료대중화의 장점 이면에 존재하는 의료상품화의 부작용으로 인한 것이다. 의료서비스가 점점 시민들의 일상 속으로 깊이 들어오면서 감기약이나 진통제 등을 비롯한 다양한 약물 구입이 매우 쉬워졌다. 예능 프로그램이나 SNS 등을 통해 의학에 관한 지식도 쉽게 접할 수 있다. 코골이, 비만, 치아 교정 등의 문제가 과거에는 의료 대상이 아니었다는 것을 쉽게 납득할 현대인은 그리 많지 않을 것이다.

앞서 살펴봤듯이 한국은 의료 이용 횟수가 높을 뿐만 아니라 항생제 처방률도 세계에서 거의 최고 수준으로 높은 국가다. 노령 임신이 증가하고 있다는 점을 고려하더라도, 현재의 높은 제왕절개 분만율은 분만을 쉽게 하려는 산모와 의사의 선택이 특정 의료행태의 과다 이용으로 나타나고 있다는 비판을 야기한다. 흥미로운 것은 과다 의료 이용과 동시에 과소 의료 이용 역시 나타난다는 것이다. 대도시 수도권으로 의료공급이 집중되면서 지방 농어촌은 의료 취약지가 되고, 적절한 의료 이용이 어려워지고 있는 것이 그 한 예일 것이다. 피부미용 중심으로 의료공급이 몰리다 보니 산부인과와 소아과 등의 필수의료공급이 부족해진 것도 마찬가지다. 이처럼 의료와 관련된 다양한 문제들이 혼재하는 상황 속에서 현대인들에게 필요한 의료, 간단히 말해서 '좋은 의료'란 과연 어떤 것이라고 말할 수 있을까.

좋은 의료란 우선 과잉진료와 과소진료를 하지 않는 의료일 것이다. 수가가 높으면 과잉진료를 하고 수가가 낮으면 과소진료를 하는 경우가 흔한데, 정확한 질병 진단에 기초하여 해당 질병에 꼭 필요한 치료를 하는 것이 좋은 의료다. 그리고 좋은 의료는 치료에 예방과 건강증진이 함께 포함되어 있어야 한다. 또 양질의 노동조건 속에서 제공되는 의료, 그러니까 의료기관이 회계 등을 투명하게 운영하고 노동권을 중시하여 재직 중인 보건의료인이 안정적이고 성실하게 치료에 임할 수 있는 의료일 것이다.[75]

좋은 의료는 질병 예방에 초점을 둔 진료를 지향해야 한다. 이는 비단 아직 질병에 걸리지 않은 사람에 대한 것만이 아니다. 완치된 질병이 재발하지 않도록 하는 것, 그리고 만성질환을 앓은 환자가 다시 내원하거나 입원하지 않도록 제도적인 연계(복지혜택 등)를 모색해 주는 것 또한 질병 예방의 일환이다. 또한 주민들이 사는 곳에서 지속적인 건강돌봄을 받을 수 있도록 일차의료 기능을 강화하거나, 의과대학의 일차의료 관련 커리큘럼을 확대하도록 하는 것도 좋은 의료를 위한 중요한 전제조건이다.[76] 조금 더 구체적으로는 질적으로 우수하고 안전하며 효과적인, 그리고 환자를 중심에 두면서 시의적절한, 그리고 비용적으로도 효율적인, 끝으로 누구에게나 차별 없이 제공되는 의료가 바로 좋은 의료라고 할 것이다.[77]

흔히 좋은 의료라고 하면 최첨단 대형병원에서 제공하는 의료라고 생각하기 쉽다. 미국의 대도시에 있는 세계적으로 유명한 병원들은 높은 수준의 의료서비스뿐만 아니라 외상에 대한 응급의료와 희귀암 등에 대한 특수치료로 정평이 나 있다. 문제는 그 병원들의 운영방식일 텐데, 그들은 경영 안정과 확대를 위해 소득 수준이 높은 환자들의 취향에 맞춘 의료서비스와 조건을 제공하고 그를 통해 소위 유명세를 얻는다. 이를 통해 비슷한 수준의 타 지역 환자들과 외국인 환자들을 유인해 이윤을 확보한다. 반대로 지방 중소규모 병원들은 환자의 감소와 경영 악화에 직면하게 된다. 결국 대도시의 빈곤층이나 지방 도시의 주민은 의료서비스에 접근하기가 점점 어려워지고 만다. 동시에 의료의 질 또한 저하되는데, 지역주민에게 흔히 발병하면서 쉽게 치료할 수 있는 질병의 경우 치료 대비 수익이 적기 때문에 지역 병원들이 이에 대한 치료를 기피한다는 보고가 있다.[78, 79, 80]

이는 미국만의 상황이 아니다. 한국에서도 수도권 중심으로 병원 대형화가 극심한 형태로 나타나고 있고, 이 대형병원들은 지방 중소규모 병원에서 담당해야 할 환자까지 떠맡고 있다. 환자 감소로 인해 수익경쟁에 내몰린 중소병원들은 상대적으로 의료행위당 수익률이 높은 검진이나 검사를 과도하게 하는 경향을 보인다.[81]

이러한 의료상업화 양상은 이미 한국 사회 전반에 만연해 있는데, 이는 보건의료의 본질이 상업적이기 때문이 아니라 그것이 구체적으로 수행되는 틀인 의료기관이 이윤 추구를 할 수밖에 없는 조건 속에 있기 때문이다. 즉 대부분의 병원이 사적으로 소유되어 있는 이상 발생할 수밖에 없는 일이라는 것이다.

보건의료전달체계 혁신

좋은 의료를 향한 첫출발은 바로 '일차의료 강화'와 이를 뒷받침하는 '공공병원 확충'이다. 특히 한국 사회는 지금껏 한 번도 겪어보지 못한 인구 고령화라는 터널의 입구에 서 있다. 노인인구의 건강 수준을 높이기 위한 다양한 지혜를 짜내지 않으면, 한국 사회의 지속 가능성은 심각한 위기에 봉착할 수밖에 없다. 이에 대해 상업적인 해결책만을 모색한다면 이제까지 건강 수준이 좋았던 지역은 더욱 좋아지고 열악했던 지역은 더욱 열악해지는, 즉 오래 묵은 문제를 더욱 악화시키는 결과를 초래할 가능성이 크다.

좋은 의료는 시민의 건강 수준을 높이고 예방의료 기능을 강화해 주민들 스스로 건강을 위한 생활 습관 개선과 올바른 의료 이용 문화를 정립하는 것에서 시작할 것이다. 이를 위해 가장 먼저 필요한 것은 보건의료전달체계의 혁신이다. 보건의료전달체계의 혁신이란 주민들 생활 가까이에서 건강과 관련된 생활의 문제점을 발견하고 이를 해결하기 위한 활동을 조직화하는 것을 말한다. 우선 읍면동을 중심으로 방문건강관리를 담당할 간호사 및 사회복지사, 영양사 등의 인력이 전면 배치되어야 한다. 이들은 노약자와 경제적으로 취약한 가구를 직접 방문하거나 주민대표 및 이웃과 함께 방문하여 건강검진 여부와 검진 결과에 따른 후속 생활 습관 개선 및 의료 이용 여부 등을 확인하고, 이에 대해 적절히 안내하는 활동을 한다. 복합만성질환이 있거나 사회복지 측면에서 연계가 필요한 사람을 발굴해서 보건소 및 읍면동 주민센터에 연계하는 활동도 함께 이루어져야 한다.

이때 보건소 및 보건지소에는 의사나 훈련받은 간호사가 빠짐없이 배치되어 복합만성질환을 가지고 있지만 의료 이용을 하지 않는 노인 등 취약계층의 건강관리 및 의료 이용 계획을 수립하고, 병의원 혹은 군청 사회복지부서로 연계하는 활동을 해야 한다. 일차의료의 중추적인 역할을 수행하는 병의원 및 약국은 방문진료와 방문약료서비스를 제공할 수 있도록 하고, 이러한 의료기관에 충분한 수가가 제공되어야 한다. 만약 농어촌의 의료취약지에 이러한 병의원 및 약국이 없다면, 공공보건기관에 이러한 인력이 배치되어 똑같은 활동이 전개될 수 있도록 해야 한다. 또한 만성질환이 있거나 장애가 있는 주민(장기요양등급 판정을 받은 주민)이 주간에 다닐 수 있는 데이케어센터를 농어촌 지역에도 충분히 설립하고, 동시에 집에서 일시적으로 숙식이 어려운 경우(가족돌봄이 어려운 경우)를 위한 단기보호요양시설이 획기적으로 확충되어야 한다. 이 데이케어센터나 단기보호요양시설 등은 민간에 개인사업 형태로만 맡길 것이 아니라 정부나 지자체의 투자로 설립해 전체 서비스 공급의 절반 이상을 공공 영역이 담당해야만 한다. 심야 및 휴일진료, 방문진료 혹은 전화상담이 필요한 경우를 위해 행정적으로 책임 있게 지원하되 시군구 의사협회 혹은 시도 의사협회와 협력하여 공공의원을 운영하는 형태도 필요하다.

그러나 일차의료가 지역의료체계의 전부는 아니다. 일차의료에서 필요한 전문진료검사 및 사문, 입원과 수술 등 전문의 진료가 지역사회 내에서 해결되기 위해서는 일차의료를 지원하는(일차의료와 환자 유치를 위해 경쟁하는 것이 아닌) 종합병원이 있어야 한다. 이러한

종합병원을 공공종합병원 형태(시도립 지방의료원 위주)로 설립해야
한다. 그 설립 비용과 인건비를 정부와 지자체가 책임져야 지역 소
멸 등 인구 감소 위협에도 불구하고 지역주민에게 필요한 진료서비
스가 차질 없이 제공될 수 있다. 또한 의사결정을 담당하는 이사회
에 지자체 공무원과 시민이 참여하도록 하여 지역주민에게 필요한
의료서비스가 무엇인지 결정하고, 그에 필요한 예산에 대해 정부와
지자체의 책임을 요구할 수 있게 해야 한다.

이러한 공공종합병원이 필요한 지역은 전국적으로 약 70여 곳이
다(표8 참조). 하지만 이런 중진료권은 절대적인 것은 아니고 해당
시도 차원에서 인구 변화와 교통 여건 개선, 그리고 지역 풍토병 등
의 질병 특성을 고려해 더 크게 묶거나 혹은 세분할 수 있다. 이 과
정에는 연구와 자문, 그리고 주민 의견 수렴과 협의가 필요하다.

공공종합병원에는 의료법이 정한 필수과목이 빠짐없이 배치되
어야 한다. 병상도 충분히 갖춰져야 하겠지만, 더 중요한 것은 중환
자실이나 응급실 운영이 가능할 수 있도록 전문의료인력(의사, 간호
사)이 충분히 배치되어야 한다는 점이다. 전 병동에서 간호간병통합
서비스가 운영되도록 하고, 의사는 병동과 응급실 당직이 가능하도
록 한 개 진료과에 최소 3명씩 배치되어야 한다. 지방의료원 인접지
역에 지방의료원 분원과 보건의료원이 있는 지역, 그리고 도서 산
간에 보건지소나 보건진료소가 있는 지역은 이들에 대한 진료 자문
과 순회 방문진료를 전담할 의료인력을 별도로 추가 편성해서 함께

중진료권명	개수	중진료권명	개수	중진료권명	개수	중진료권명	개수	중진료권명	개수
서울도심	6	광주광서	2	남양주	4	공주	2	영광	3
서울동북	8	광주동남	3	파주	1	서산	3	포항	4
서울서남	5	대전서부	2	이천	2	논산	4	경주	4
서울동남	6	대전동부	3	포천	1	홍성	4	안동	4
부산서부	4	울산서남	2	춘천	5	전주	5	구미	6
부산중부	8	울산동북	3	원주	2	군산	1	영주	3
부산동부	4	수원	3	영월	3	익산	1	상주	2
대구동북	4	성남	4	강릉	1	정읍	3	창원	4
대구서남	4	의정부	4	동해	3	남원	4	진주	5
인천서북	2	안양	4	속초	4	목포	6	통영	3
인천동북	2	부천	2	청주	6	여수	1	김해	3
인천중부	4	평택	2	충주	3	순천	5	거창	3
인천남부	2	안산	2	제천	2	나주	3	제주	1
세종	1	고양	2	천안	2	해남	4	서귀포	1

표8 전국 70개 중진료권 분포 현황

운영해야 한다. 또한 이 의사들이 의료취약지 및 취약계층의 만성 질병관리와 응급진료에 대해 학술연구 활동을 할 수 있도록 지원해 주는 기능을 기존 시도 공공보건의료지원단에 부여하는 것도 필요 하다.

한편 간호인력도 주 4일이나 주 4.5일 근무가 가능할 정도로 충분 히 배치하는 것이 필요하고, 이를 위해 병원 간호부 행정 및 교육훈 련 기능을 보완해야 한다. 간호사뿐 아니라 약사 등의 보건의료인 력의 정원에 대해서는 시도 차원에서 별도로 조례 등을 만들어 매 년 혹은 2~3년에 한 번씩 적정 공공보건의료인력 정원, 노동조건, 교육훈련 및 학술연구 활동 강화 방안 등을 논의해 수립해야 한다. 이를 근거로 정원 책정과 그에 필요한 인건비를 정부와 시도자치단체의 예산으로 지원하는 것이 필요하다. 또한 진료과도 가정의학과 의사를 중심으로 '지역의료과'를 별도로 신설해 퇴원하는 환자가 지역사회 일차의료기관 및 보건소에서 연계진료를 받을 수 있도록 하고, 진료 자문 및 순회진료를 나서도록 하는 역할을 부여하는 것이 필요하다. 또한 급성기 병원만이 아니라 상급종합병원 등에서도 퇴원했으나 바로 집으로 가기 곤란한 환자의 지역사회 정착을 지원해 주는 기능이 함께 수행되도록 해야 한다.

최근 정부는 국립대학교병원을 중심으로 한 교수인력 강화 및 전공의 처우 개선 등의 보강 대책을 발표했다. 이는 물론 필요한 조치이기는 하지만, 지역 필수의료의 지역 완결성을 높이는 관점에서 보면 반쪽짜리 정책에 불과하다. 이보다 중요한 것은 지역 일차의료를 강화하는 정책이고, 그 핵심은 바로 공공종합병원 설립과 공적 운영에 있기 때문이다. 국립대학교병원의 기능 개선은 이를 지원하기 위한 것이 되어야 하고, 이와 관련한 광역자치단체의 역할이 강화되도록 하는 등의 입체적인 정책 설계가 뒤따라야 할 것으로 보인다.

공립의료가 아닌 공공의료로

공공병원을 세우자는 주장에 대한 사람들의 첫 반응은 '정부가 세금으로 병원을 짓는구나!' 정도다. 공공병원을 규정하기 위해서는 크게 설립과 운영자금, 그리고 거버넌스(통치)라는 세 가지 구성요소를 고려해야 한다.

우선 병원이라는 건축물을 세우고 장비를 구비하기 위한, 그야말로 설립設立에 대한 정부예산이 필요하다. 이렇게 설립된 병원을 공립公立병원이라고 부른다. 다음으로 병원 운영에 필요한 자금을 지원하는 정부예산이 필요하다. 실제 공립병원은 100% 정부예산으로 운영되는 병원과 일부만 지원되는 병원으로 나눌 수 있는데, 100% 정부예산으로 운영되는 병원을 공영公營병원이라고 할 수 있으며, 여기에는 국군병원이나 결핵 및 한센병전문병원 등이 속한다. 나머지 공립병원은 환자진료로 발생하는 건강보험 급여상환비와 환자로부터 직접 받은 진료비, 그리고 일부 정부예산 지원금으로 운영된다. 마지막으로 중요한 요소는 병원 운영에 대한 의사결정 방식이다. 오직 정부 측 공무원으로만 병원이 운영되는지, 혹은 지역주민과 병원 의료진 등의 참여로 운영되는지, 혹은 그 병원과 관계없는 외부인에 의해 위탁 운영되는지에 따라 형태가 구분된다. 이때 정부가 설립했지만 주민대표 및 의료진이 병원에 필요한 의사결정을 할 수 있도록 규정한 형태의 병원을 공공公共병원이라고 한다. 이런 공공병원은 주민의 건강 수준을 고르게 증진하고, 일부 소외된 계층의 의료요구에 제대로 대응하며, 건강 문제에 대한 주민의 낮은 인식을 그들의 참여를 통해 고취하려는 목적으로 설립된다.

실제 공공병원은 무엇보다 주민의 세금을 통해 설립되어야 하므로 정부의 재정 투자가 무엇보다 중요하다. 하지만 정부가 병원 설립과 운영을 모두 맡아서 한다면 주민의 참여가 배제되어 정부의 독단적인 의사결정이 이루어질 공산이 크다. 그리고 어떤 정부가 들어서는지에 따라 정부의 정치적 입장이 공공의료 영역을 좌지우지할 가능성도 커진다. 얼마 전 시민의 참여와 노력이 반영되어 설립된 성남시의료원에서 이와 비슷한 일이 벌어졌다. 당선된 시장의 정치적 성향에 따라 수익성을 중심에 둔 병원 운영방식이 강조되었고, 이런 병원장의 운영방식에 대한 제대로 된 견제가 이루어지지 않아 산부인과는 있는데 분만을 받지 않는다거나 응급의학을 전공한 병원장의 영향으로 다른 과에 비해 과도하게 많은 의사인력이 응급의학과에 채용됐다든가 하는 식의 일이 발생했다. 또 다음에 선출된 시장은 공공병원을 외부에 위탁하는 방식을 취해 지역주민이나 해당 병원 의료진의 참여를 배제했고, 병원 운영의 공공성보다 수익성을 지나치게 강조하기도 했다.

이런 문제를 해결하기 위해서는 명실상부한 공공병원이 되도록 거버넌스체계가 재정립될 필요가 있다. 공공병원의 운영에 있어서는 민주적 이사회의 구성이 중요하다. 현재 전국의 공립병원 가운데 이러한 주민 참여가 가능한 병원은 지방의료원밖에 없다.* 하지만 이것도 다분히 형식적이어서 실질적인 주민 참여가 가능한 형태로 바꾸는 것이 필요하다. 우선 이사회장이 병원장을 겸직하게 되어 있는 조항부터 바꿔야 한다.** 또한 이사회에 병원 의료진 대표가 참여할 수 있도록 하고, 노동조합의 대표가 참석하는 것도 명시할 필요가 있다. 특히 주민의 참여가 중요한데, 이를 보완하기 위해서는 〈지방의료원의 설립 및 운영에 관한 법률〉에 주민참여위원회를 설치·운영하고 필요한 예산을 지원하도록 하는 조항을 명시할 필요가 있다.

최근 호주의 공공병원에서는 이러한 주민참여위원회community advisory committee를 설치·운영하고 있는데, 약 2년 정도의 임기로 운영하되 소외되기 쉬운 공공의료 이슈를 찾아 조사하고 그 결과를 개선 방안과 함께 이사회에 제출하도록 하고 있다. 이사회는 주민참여위원회의 보고를 받은 후 조사 결과에 대한 개선 방안을 다시 회신해야 한다. 물론 이런 운영방식에 따라 발생하는 비용은 병원과 지방정부에서 함께 지원한다. 이런 사례는 뉴욕에서도 찾아볼 수 있다. 일찍이 한국에서도 1980년대 농어촌 소외지역에 보건진료소를 설치·운영하면서 이와 비슷한 시도를 한 적이 있으나 전국화

---

* 〈지방의료원의 설립 및 운영을 위한 법률〉 제8조 4항(임원 이사회 구성 항목)에 지역주민 대표 1명이 명시되어 있다.

** 위와 같은 법률 제9조 3항에 "원장이 이사회를 소집하고 의장이 된다"라고 되어 있어 이에 대한 개선이 필요하다.

하지 못하고 작은 실험에 그치고 말았다. 그러나 외국에서 이미 그 가치를 인정받으며 발전하고 있는 이런 운영방식을 더 늦기 전에 한국 사회에도 적극 도입하려는 노력이 필요하다.

이제까지 한국에서는 공공병원의 설립이 쉽지 않았고, 이미 있는 공공병원도 주민이 그 존재감을 잘 알지 못하는 경우가 많았다. 과거 2013년 경상남도에 있는 진주의료원이 폐업했을 때 병원 노동자들이 폐업을 반대하는 목소리를 높였지만, 정작 지역주민의 반응은 뜨뜻미지근했던 것만 봐도 이런 문제의 심각성을 알 수 있다. 주민 입장에서 공공병원의 효능감을 체감하기 어려웠다는 것이 그 원인이었던 것으로 보인다.

공공병원을 만든다는 것은 단지 정부예산으로 공립병원을 짓는다는 것을 의미하지 않는다. 이를 위해서는 주민의 지역의료에 대한 요구를 조사하고 반영하는 직접 채널이 반드시 늘어나야 한다. 그 채널을 통해 주민의 의견을 수렴하고 이를 실현하기 위한 방안을 함께 모색하는 과정이 동반되어야만 비로소 '국가 주도형 공립의료'에서 '주민 참여형 공공의료'로 나아갈 수 있는 길이 열리게 된다. 지역주민의 공동 편익을 위해 재정 지원이 충분히 이루어지고 공공의료에 대한 주민의 요구 사항이 제대로 반영된다면, 존재 가치가 의심받는 유명무실한 공공병원이 아니라 지역에서 제 역할을 톡톡히 해내는 명실상부한 공공병원으로 거듭날 수 있을 것이다.

의료
재난의
시대.

알고 싶어요 공공의료 강화도 기후위기 대응책 중 하나인가요?

기후위기 시대가 도래하면서 보건의료서비스 역시 탄소 중립과 지속 가능성을 추구해야 하는 과제를 도외시할 수 없게 됐습니다. 기후위기에 대한 대응은 결국 낭비를 줄이고, 필요한 곳에 필요한 만큼의 지속 가능한 서비스를 공급하는 원칙을 요구합니다. 보건의료서비스 영역에서 이런 원칙을 지키려면 수익성을 중심으로 하는 민간의료공급방식을 재고해야 합니다. 당연히 상업성에 좌우되는 의료가 아닌 지역의 의료수요에 따라 의료서비스를 제공하는 공공의료가 기후위기 시대에 더 적합합니다.

우선 기존 병의원의 탄소 소비를 줄여야 하는데, 보건의료 부문의 탄소 소비량은 생각보다 많습니다. 의학전문지 《랜싯 카운트다운The Lancet Countdown》에 따르면, 2022년 전 세계 탄소 배출량 중 헬스케어 분야가 5.2%를 차지하는 것으로 나타났습니다. 현대 기술의학은 많은 전기에너지를 소모하는 장비와 수술실, 그리고 제조에 많은 전기에너지를 소모하는 약품이 필요합니다. 특히 최근 감염병 관리를 위해 일회용품 사용이 병의원에서 급격히 늘어나고 있습니다. 병원 내 감염을 관리하고 감염질환의 전파를 막으려면 일회용품 사용이 유리하기는 하지만, 문제는 최근 여러 차례 소독해 사용하던 것에서 일회용품으로 전환한 경우가 많다는 점입니다. 일회용품이 절대적으로 유리한 주사기 등을 제외하고, 소독키트나 수술장비에서 일회용품이 늘어난 이유는 의료인력을 감축하고 소독하는 시간을 줄여 병의원의 수익성을 늘리려 했기 때문입니다. 꼭 써야 할 일회용품을 제외하고 다회용으로 사용 가능한 의료기기를 최대한 소독해 사용하는 것이 앞으로 한국 의료가 지향해야 할 방향입니다. 특히 한국은 비급여진료를 급여진료와 섞어서 진료할 수 있는 체계이다 보니 의료공급자는 절약할 수 있는 부분을 망각하고 수익성을 위해 고가의 치료재료를 쓰는 일이 허다합니다. 즉 비급여진료와 급여진료를 섞어서 하게 만드는 혼합진료가 기후위기를 부추기는 요인인 셈입니다.

또한 비급여진료의 상당수는 불필요한 낭비의료일 가능성이 높은데, 수익성 추구가 아닌 필요에 따른 공급 원칙을 지향하는 공공의료기관의 비중이 늘어나면 이런 낭비의료를 줄일 수 있습니다. 특히 의사들이 천성적으로 비급여진료를 선호한다기보다는 개인사업으로 의료업을 경영하는 구조가 이를 부추기는 측면이 큽니다. 결국 의료 부문의 낭비 문제는 올바른 제도와 문화 정립을 필요로 하며, 이러한 제도와 문화 형성에 주도적인 역할을 할 수 있는 공공의료기관의 비중 확대와 역할 강화가 무엇보다 필요합니다. 기후위기 시대에 대응하는 의료체계는 영리적 목적이 아니라 낭비를 줄이는 목적으로 운영되도록 조정해야 합니다. 이는 구체적으로 공적인 의료공급과 의사 양성, 공적 보험 완결적인 진료 등을 통해 가능합니다.

지역거점 의료기관의 강화 역시 필요합니다. 한국에서는 지방에서 암치료나 수술치료를 위해 서울에 있는 대형병원으로 올라오는 경우가 아주 많습니다. 지방병원에서는 할 수 없는 수술이나 희귀질환치료를 위해 대형병원으로 전원하는 경우는 어쩔 수 없지만, 지역의료체계의 결핍으로 인한 경우는 개혁이 필요합니다. 실제 고속철도 사용 빈도에서 "업무로 인해"라는 응답 다음 순위가 "수도권 병원을 이용하기 위해"라는 점을 보면 씁쓸하기만 합니다. 예를 들어 단일병원이 3000병상에 육박하는 서울아산병원은 실제 전국적으로 환자를 유치해야 살아남고 병원을 유지할 수 있습니다. 이런 매머드급 병원이 몇 개씩 서울, 그것도 서울 강남 지역에 집중되어 있는 문제는 기후위기 시대에 에너지 낭비를 부추기는 핵심 요인으로 작용합니다. 불필요한 수도권 의료쇼핑을 막는 일은 합리적인 의료 이용이라는 당위성에서만이 아니라 이제는 탄소 중립을 위해 우리가 시급히 해결해야 할 문제이기도 합니다. 또한 인구가 줄어들고 수익성도 없는 지역의료기관의 경우는 공공의료 외에 답이 없는 것도 사실입니다. 그런 측면에서도 공공의료가 기후위기의 대안이라고 할 수 있습니다.

병의원이 이용하는 에너지를 재생에너지로 바꾸기 위해서도 보건의료서비스의 지역화가 필요합니다. 재생에너지로의 전환은 지금처럼 에너지를 생산하는 지역과 소비하는 지역이 분리되어 있으면 불가능합니다. 거대한 송전탑을 통해 수도권으로 전기를 공급하는 방식의 에너지 소비 집중은 반드시 해결해야 할 문제입니다. 각각의 지역에서 필요한 에너지를 생산하고, 불필요한 손실을 남기지 않기 위해 가까운 지역에서 이를 소비하도록 해야 합니다. 그러기 위해서는 보건의료체계에서도 지역 기반의 완결적인 의료공급을 제공하고, 일차의료를 기반으로 지역에서 대부분의 진료가 완성되도록 해야 합니다. 즉 수도권으로 환자가 쏠리지 않고 자신이 사는 지역에서 대부분의 의료공급을 받을 수 있어야 한다는 뜻입니다.

더욱이 앞서 말한 낭비의료의 전형인 불필요한 검사나 처치를 방지하기 위해서는 환자의 병력과 만성질환 관리를 전담하는 주치의 제도가 반드시 필요합니다. 주치의는 환자의 대행자로서 환자의 건강 문제를 상의하고 의료 문제에 조언을 해주는 존재입니다. 이를 통해 텔레비전이나 SNS를 통해 퍼지고 있는 불필요한 건강 관련 소비도 줄일 수 있을 것입니다. 또한 건강 염려증을 부추기는 문제에서도 해방될 수 있습니다.

끝으로 기후위기 문제에서 중요한 위치를 차지하고 있는 먹거리 문제에 대해서도 보건의료서비스 측면에서 접근해 볼 수 있습니다. 지역 순환형 생태에 친화적인 먹거리가 공급되고 소비되어야 먹거리 때문에 발생하는 탄소 발자국을 최소화할 수 있고, 이는 기후위기 극복에 있어 매우 중요합니다. 이를 위해서는 병원에서 먹는 환자 및 직원 식사부터 인근지역에서 생산된 제철 식재료를 활용해 준비하는 것이 필요합니다. 그리고 환자들의 경우 최근 인스턴트식품이나 정제된 밀가루, 쌀 등에 익숙해진 경우가 많은데, 이는 건강관리에 도움이 되지 않으며, 특히 당뇨 등 만성질환을 악화시키기도 합니다. 따라서 친환경식품이나 덜 정제된 식재료를 활용한 음식을 섭취하는 것이 환자와 우리 모두에게 중요합니다. 하지만 이런 식품 구매와 조리 방식은 기존 시장 중심의 음식 소비체계에서는 이루어지기 힘듭니다. 왜냐하면 기존 식재료 및 음식 소비시장은 대량생산과 대량소비라는 방식을 따르고 있기 때문입니다. 따라서 별도의 먹거리 공급체계를 지방자치단체와 병원이 협약을 맺어 지역 농어민 조직과 함께 꾸려나가야 합니다. 이를 위해서는 정부와 지자체의 먹거리 공급 지원체계가 갖춰져야 하고, 동시에 해당 병원에서 별도의 예산 및 교육체계를 만들어 운영해야 할 것입니다. 이러한 체계 구축을 가장 앞장서서 할 수 있는 병원 형태가 바로 공공병원입니다.

정리해 보면 주치의제도와 지역 완결적인 의료체계, 지역 먹거리 공급체계는 수익성을 중심에 놓는 민간병원으로부터는 시작될 수 없습니다. 주치의 각각은 개별 개원의사가 하더라도, 인구가 소멸하고 있는 지역에 수익성이 없는 거점병원이나 종합병원이 만들어질 가능성은 없습니다. 따라서 제대로 된 전달체계가 필요한 영역에서 모든 의료체계의 근간은 실제로 공공병원 외에는 답이 없습니다. 그래서 이런 문제를 일찍이 사회적으로 합의했던 영국을 비롯한 유럽 국가의 상당 부분이 보건의료체계의 근간을 공공의료에 두려 했던 것입니다. 한국의 보건의료체계는 이런 점에서 봤을 때 기후위기를 극복하고 탄소 중립을 실현하는 데 있어 매우 뒤처져 있습니다. 공공의료와 공적인 일차의료체계는 기후위기 시대에 선택이 아닌 필수가 되고 있다는 점을 잊지 않기를 바랍니다.

이야기를 마치며
현실이 우리를 속일지라도, 디스토피아가 아닌 유토피아를 꿈꾸자

지난 20여 년 동안 한국 사회는 사스, 신종플루, 메르스, 코로나19까지 다양한 감염병에 노출되면서 많은 어려움을 겪었다. 더욱이 2024년 내내 정부의 일방적인 의대 정원 증원 정책으로 빚어진 의사집단과의 갈등으로 인해 사회적 재난에 비견할 정도의 고통은 고스란히 시민의 몫이 되었다. 의료의 물적·인적 인프라가 부족하지 않을 뿐만 아니라 상당한 기술력을 보유한 한국 의료는 각종 재난 앞에서 무기력했고 시민의 필요를 충족시키지 못했다. 이대로 아무것도 변하지 않는다면, 영화보다 더 영화 같은 디스토피아가 우리 눈앞에 펼쳐질지도 모른다.

공공의료의 부재와 그 자리를 채워온 영리의료의 활성화는 초저출생·초고령 사회에 대응하기에는 비용이 너무 많이 들고 낭비와 불평등을 심화시킬 뿐이다. 그러므로 초저출생·초고령사회를 잘 건너가기 위해서는 무엇보다 보건의료 영역의 개혁이 필요하다. 영리 중심의 민간의료를 인간 중심의 공공의료로 변화시킬 때 비로소 아이를 낳고 싶은 사회, 존엄하게 나이 들어갈 수 있는 사회라는 유토

피아가 열릴 수 있다.

우리는 장수할 수 있는 사회에 살고 있다. 그런데 축복과도 같은 장수가 재앙처럼 다가온다면 그 원인은 사회에 있다. 자본주의 체제일지라도 복지국가는 인간의 출생부터 사망에 이르기까지 인생의 전 과정에서 돌봄과 의료적 필요가 요구될 때 개인의 책임이 아닌 사회적 부양으로 시민 곁을 지켜왔다. 한국도 정권에 따라 정도의 차이는 있었지만, 어느 정부든 '국민과 함께'를 공표해 왔고 사회적 부양에 대한 국가 책임을 인정해 왔다. 그러므로 사회적 돌봄과 의료를 강화하기 위해서는 시장에 내맡겼던 부분을 공공 영역으로 전환해야 한다.

이제까지 정부는 코로나19 범유행 같은 위기 시에만 공공의료기관을 전면으로 내세워 온갖 궂은일을 맡겼고, 위기가 지나면 토사구팽 식으로 홀대하고 무시했다. 이것이 전형적인 한국의 공공의료 사용법이었다. 이렇다 보니 공공의료기관은 적자를 면하기 어려웠고, 더 많은 시민에게 더 좋은 의료서비스 제공할 수 있는 기반을 마련하기 어려웠다. 의료자본과 의사집단은 제한 없이 영리를 추구하며 의료공급구조에서 중추적인 위치를 점유해 왔다. 그러므로 의료체계의 중추적 위치에 공공의료를 세우고, 이에 걸맞은 전달체계로서 주치의제도(환자등록제) 같은 지역 중심의 일차의료체계와 공공병원을 강화할 필요가 있다.

일상적으로 시민은 의료적 필요성을 느낄 때 일반 재화나 서비스를 구매할 때보다도 못한 상황에서 고군분투하고 있다. 식당, 카페, 미용실, 자동차정비소, 슈퍼 등을 이용할 때 사람들은 단골 가게로 가기를 선호한다. 왜냐하면 어디로 갈지, 무엇을 어떻게 구매할지 고민할 필요가 없고, 구매 후 문제가 생길 때 등을 감안해 믿고 거래할 수 있기 때문이다. 일반 재화나 서비스를 구매할 때도 이 정도 안전성을 기대하는 것이 일반적이다. 그런데 의료서비스를 받고자 할 때는 주치의가 아니라 소문이나 인터넷 등 각종 매체의 영향을 받으면서 소위 용한 의사를 찾아다닌다. 잘못된 의료 이용 여부에 대해서는 아무도 책임지지 않으며, 그에 대한 평가도 제대로 이루어지지 않는다.

시민에게는 믿고 찾아갈 수 있는 주치의가 필요하다. 환자에 대한 진료이력을 체계적으로 관리하고, 환자의 건강상 특징을 잘 알고 있는 주치의가 있다면 지역사회 중심으로 의료전달체계가 정비될 수 있다. 그러나 의료 개혁을 정부에게만 맡겨놓을 수는 없다. 왜냐하면 개혁 과정에서 의료산업이나 의료기관의 영향력에 지배될 가능성이 크기 때문이다. 의대 정원 증원을 둘러싸고 벌어지고 있는 정부와 의료계 사이의 줄다리기 양상을 봐도 그와 같은 한계를 잘 알 수 있다. 따라서 의료 개혁 과정에는 시민의 감시와 참여가 무엇보다 중요하다. 실제 지역에서 무엇을 필요로 하는지를 가장 잘 아는 주체는 주민인데, 주체의 의견이 반영되지 않는다면 공공의료와 의료보장성 강화는 실현되기 어렵다. 그러므로 공공의료 강화 프레임도 국가 주도형 공립의료에서 주민 참여형 공공의료로 반드시 전환되어야 한다.

공공의료를 실현하기 위해 당장 추진할 수 있는 개혁 과제를 다시 정리해 보면 다음과 같다. 첫째, 혼합진료를 금지해야 한다. 우리와 건강보험제도가 유사한 일본과 대만은 이미 의사의 자의적인 비급여진료를 허용하지 않고 있다. 양국 모두 자본주의가 눈부시게 발전했지만, 보건의료 영역의 원리를 일반 시장의 원리와 다르게 적용해 왔다. 초고령사회에 진입하는 한국 역시 보건의료 영역에 대해서는 시장의 이윤 추구와 다른 원리를 적용하는 것이 시급하다.

둘째, 의학적으로 필요한 의료서비스에 대한 건강보험 급여화를 적극 추진하여 건강보험의 보장률을 적어도 OECD 평균까지 올려야 한다. OECD 회원국 중 한국은 경제력 수준이 10위 내외인 국가에 속하면서도 공공사회복지 지출과 보장성 수준은 언제나 끝자리에 머물러 왔다.

셋째, 의료비 지출구조의 합리화와 지역 보건의료 강화를 위해 의료전달체계를 정상화해야 한다. 이를 위해서는 일차의료 강화와 보험자의 역할이 중요하다. 사회보험제도를 운영하는 많은 국가에서 보험자와 계약한 일차의료기관의 의사는 문지기 기능을 수행하며 의료서비스에 대한 종합적인 판단을 담당한다. 국민건강보험은 일차의료를 지탱하는 주치의제도의 도입과 적용을 위한 계획을 수립하고, 의료전달체계를 정상화할 수 있는 모든 정치적·재정적 자원을 동원해야 한다.

건강은 노동생산성, 노동력 공급, 경제발전과 긴밀한 관련을 맺지만, 이제까지 국가는 경제발전의 결과에만 주목했을 뿐 생산의 주역인 노동자와 시민에 대한 재정 지원에 대해서는 지나치게 소극적이었다. 프랑스는 사회보장 강화를 위해서 소득 수준에 따른 목적세인 사회보장분담금contribution sociale généralisée, CSG을 1991년 도입했다. 이를 통해 의료보장 재원을 공공 부문(조세와 사회보험료)에 분담하면서 재정 규모를 증가시켜 왔다. 국가 책임을 강화하는 다른 국가들에 견주어 보면 한국 정부의 재정 책임 수준은 거의 방임상태에 가깝다. 이 같은 국가의 방임은 사회의 지속 가능성을 저해할 수 있다.

1997년 IMF 경제위기 이후 개인의 삶은 경쟁으로 내몰렸다. 이웃 간, 친구 간, 동료 간에 서로 믿고 의지할 수 있는 기반은 약화되었고, 경쟁은 더욱 치열해졌다. 이렇다 보니 자신을 보호하고 가족을 보호하는 것이 더 이상 당연하지도, 노력으로 해결할 수도 없는 것이 되어버렸다. 그 결과 한국은 더 이상 아이를 낳고 싶지 않은 사회가 되었다. 초저출생은 사회의 지속 가능성을 위협하고 있지만, 경쟁하는 개인의 삶이 지속되는 이상 그에 대한 해법을 찾기는 어려울 것이다.

그러므로 '경쟁하는 개인에서 함께하는 삶'이 될 수 있도록 사회

의 근본 체질을 변화시켜야 한다. 그 변화를 위한 전환점에서 공공
의료 강화는 개인이 아닌 사회를 건강하게 만들어 줄 수 있으며, 건
강한 사회는 우리를 디스토피아가 아닌 유토피아로 이끌어 줄 것
이다.

2024년 12월 3일 윤석열이 주도한 반헌법적 계엄령을 시민의 주
권으로 몇 시간만에 무효화시켰고, 11일만에 대통령을 탄핵시켰다.
좋은 사회를 위한 시민들의 염원이 가늠할 수 없을 만큼 크다는 것
을 내란소요사태에서 확인할 수 있었다. 우리 필진의 주장과 대안
이 어쩌면 누군가에겐 꿈같은 소리로, 또는 너무 이상적인 소리로
들릴지도 모른다. 하지만 현실이 우리를 속일지라도, 현실이 우리
를 절망하게 하더라도, 유토피아를 꿈꾸고 그 꿈을 이룰 수 있는 힘
이 아직 시민들에게 있다는 점을 2024년 12월 3일 이후 느끼고 있
다. 더 좋은 사회를 꿈꾸고, 그것을 실현하기 위해 노력하는 시민들
의 호흡과 연대가 디스토피아가 아닌 유토피아로 이끌어 줄 힘이
될 것이다.

표·그림 출처

표1   보건복지부 자료, 신현영 의원실 재구성, https://m.medigatenews.com/ news/1963666044

표2   건강보험심사평가원, '건강보험 진료 통계', https://opendata.hira.or.kr/ op/opc/olapHthInsRvStatInfoTab4.do?docNo=03-004

표3   위와 동일.

표4   《치과신문》, '[1000호 특집] 연도별 전국 의원급 의료기관의 경영상황 분석', 2023년 1월 16일 기사, https://www.dentalnews.or.kr/news/ article.html?no=36085

표6   보건복지부, 〈제2차 국민건강보험 종합계획(안) 2024~2028년〉, 2024년 2월 20일 발표, 66쪽.

그림1   OECD, 「Health at a Glance 2023」, 07 Nov 2023,

그림2   박수경 외, 「국민보건의료실태조사」, 보건복지부·건강보험공단, 2022, 462쪽.

그림3   OECD Statistics, 'Health Care Resources', https://stats.oecd.org/Index. aspx?DataSetCode=HEALTH_REAC에서 2023년 10월 19일 인출해 도 식화; 남인순 의원실 재구성 자료에서 재인용.

그림4   정형선 외, 「한국 "국민의료비의 국내총생산 비중" OECD 평균을 넘어서 다」, 《보건행정학회지》 33권 3호, 2023; 《데일리메디》, '한국 의료비 GDP 대비 9.7%, OECD 평균 상회', 2023년 10월 30일 기사, https://www. dailymedi.com/news/news_view.php?ca_id=2202&wr_id=903889

그림5   OECD, 「Health at a Glance 2023」, 07 Nov 2023, https://doi. org/10.1787/7a7afb35-en

그림6   문림당(文林堂) 발행 우편엽서.

그림7   《미디어파인》, '공공의료의 산실 "국립중앙의료원" [백남우 칼럼]',

2022년 8월 2일 기사; tbs 다큐멘터리, 〈공공의료의 산실 국립중앙의료원〉 편 화면자료 중에서, http://tvcast.naver.com/v/140919

그림8 《의협신문》, '졸속 도입 전국민 의료보험…저수가로 의료계 "몸살"', 2007년 12월 31일 기사, https://www.doctorsnews.co.kr/news/articleView.html?idxno=44435

그림9 보건복지부, 「OECD Health Statistics 2023」, OECD 발췌 소책자, 2023, 90~101쪽.

그림11 국회연구조정협의회, 「초저출산 장기지속 시대의 인구위기 대응방향」, 국회입법조사처·국회예산정책처·국회미래연구원, 2023, 57쪽.

그림12 국회도서관, 「저출산 대책 한눈에 보기」, 《팩트북》 통권 제101호, 2023, 40쪽.

그림13 보건복지부 홈페이지 '관리운영체계' 항목 참조, https://www.mohw.go.kr/menu.es?mid=a10705010400

1   《동아일보》, ‘“빅5” 대형병원 중환자 병상 가동률 87.4%… 남은 병상
    23개’, 2021년 12월 9일 기사,
    https://www.donga.com/news/article/all/20211209/110713538/1

2   《현대건강신문》, ‘서울서 고열 있던 5세 아이 사망…여야 “참담한 의료 현
    장”’, 2023년 5월 24일 기사,
    http://www.hnews.kr/news/view.php?no=61623

3   《여성동아》 뉴스&이슈, ‘소아과도 오픈 런, 인력부족으로 응급 의료체
    계 붕괴 직전’, 2023년 6월 21일 기사, https://post.naver.com/viewer/
    postView.naver?volumeNo=36126786&memberNo=29742322&vType=V
    ERTICAL

4   《한겨레신문》, ‘고난의 상경치료…서울 의사 보려 “환자방”에 산다’,
    2023년 2월 7일 기사, https://www.hani.co.kr/arti/society/
    rights/1078571.html

5   《이코리아》, ‘[팩트체크] “한국의 건강보험 보장성, OECD 최저 수준” 맞
    나’, 2022년 12월 26일 기사,
    https://www.ekoreanews.co.kr/news/articleView.html?idxno=64544

6   “중국 광둥성에 살던 56세 여성은 2023년 2월 말 처음 증상을 보인 뒤
    H3N8 조류독감 양성 진단을 받았다. 이후 이 여성은 지난 3월 16일 사망
    했다”, Reuters, ‘China records world’s first human death from H3N8
    bird flu, WHO says’, 2023년 4월 13일 기사, https://www.reuters.com/
    world/china/china-records-worlds-first-human-death-h3n8-bird-flu-
    who-2023-04-12/

7   “캄보디아 보건부에 따르면 H5N1 조류 인플루엔자 바이러스에 감염된
    11세 소녀가 2023년 2월 22일 사망했다”, BBC News, ‘H5N1: Cambodian

girl dies in rare bird flu case', 2023년 2월 24일 보도,
https://www.bbc.com/news/world-asia-64754462

8   BBC News Korea, '일본 식당서 사라진 계란 메뉴…조류독감 사태 심각',
2023년 4월 13일 보도,
https://www.bbc.com/korean/articles/c3g7kqz8delo

9   "돼지 인플루엔자의 인체 감염은 영국에서는 처음으로 당국은 전염의 범
위와 핵심 고리, 중증 위험성 등을 확인하는 데 주력하고 있다", 연합뉴스,
'영국서 돼지인플루엔자 인체감염…"돼지 근처 가지 않은 사람"', 2023년
11월 28일 기사, https://www.yna.co.kr/view/AKR20231128018400009

10   "병원의 진료거부가 완강하자 배재대 관계자는 대전시에 도움을 요청, 자
정 무렵 병원을 찾은 담당공무원이 병원관계자를 설득, 2시간 만에 겨우 의
사진찰과 항바이러스제 처방을 받은 것으로 알려졌다", 《아시아경제》, '을
지대병원 신종플루 추정환자 문전박대', 2009년 8월 19일 기사,
https://www.asiae.co.kr/article/2009081907191092535

11   뉴스타파, '원격의료는 기만극…"재벌용"이다', 2014년 4월 11일 보도,
https://youtu.be/jCL8hb1oPfA

12   "비대면 진료 3년, 1379만 명의 건강을 보호했습니다. 의원급 의료기관
86.1% 재진 81.5% 실시", 2021년 3월 12일 보건복지부 발표 참고.

13   《한국경제》, '윤석열과 美 동행한 스타트업 논란…野 "닥터나우, 왜 거기서
나와"', 2023년 4월 24일 기사,
https://www.hankyung.com/politics/article/202304249077i

14   "지금은 이제 자원을 어떻게 배분해야 할지 생각해야 하는 규모의 나라인
데 막상 정말 아픈 사람들이 갈 병원들이 줄어들고 있다", KBS 9층시사국,
'의사 없는 의료쇼핑, 응급상황이 불안하다', 2023년 4월 19일 보도,

https://news.kbs.co.kr/news/pc/view/view.do?ncd=7656073

15 "보장성 강화정책은…인기영합적 포퓰리즘 정책", 2022년 12월 13일 대통령 국무회의 모두발언에서 인용.

16 "매주 500만 원씩 계속 병원비가 나오고 있거든요. 그렇게 되면 4천만 원, 5천만 원 계속 늘어날 거고. 실비(보험)도 한도가 있어서 더는 지원이 안 되는 상황이 돼서 저는 아예 개인적으로 대출을 받기로…", YTN 뉴스, '코로나19 "음성" 후, 진짜 지옥이 시작된 사람들', 2022년 3월 8일 보도, https://www.ytn.co.kr/_ln/0134_202203080530085025

17 오은환, 「의료서비스 선택과 비급여 의료비 부담: 일봄 혼합진료금지제도 고찰」, 《보건행정학회지》 31(1), 2021, 20쪽 재인용.

18 "2심 재판부는 식약처의 인보사 관련 심사가 소홀했다는 취지로 무죄 판결을 내린 것으로 알려집니다", SBS 뉴스, '"인보사 사태" 코오롱생명 임원, 2심도 무죄…내달 행정소송 주목', 2023년 10월 18일 보도, https://biz.sbs.co.kr/article/20000139911

19 "이날 주제발표에 이어 진행된 지정토론에서 오상원 도민운동본부 정책기획국장은 '제주도가 적극적으로 대응했으면 허가 취소 처분 취소 소송에서 승소하지 않았을까라고 본다'고 주장했다", 《제주투데이》, '제주녹지국제병원 소송, 이길 수 있는 싸움이었다', 2022년 7월 4일 기사, https://www.ijejutoday.com/news/articleView.html?idxno=229860

20 "실손보험 청구 간소화, 비대면 진료는 더 이상 늦출 수가 없다", 성일종 국민의힘 정책위의장, 2023년 1월 25일 국민의힘 대책회의에서.

21 민간의료보험활성화TF, 「국민건강보험과 민간보험의 협력을 통한 의료보장체계의 개선방안」, 2001년 12월 14일 발행, 16쪽.

22 국민건강보험공단, 《2022 지역별 의료이용통계연보》, 2023년 11월 30일

발행, https://www.nhis.or.kr/nhis/together/wbhaec06900m01.do?mod
e=view&articleNo=10839502&article.offset=0&articleLimit=10

23   보건복지부, 《국민보건의료실태통계》, 2022년 7월 14일 발표,
     https://www.korea.kr/archive/expDocView.do?docId=40056

24   강기윤 의원실 발표자료, 2021년 10월 19일 발표,
     https://medigatenews.com/news/2528376090

25   안태규 등, 「분만 수가 인상만으로 분만 인프라 붕괴를 막을 수 있을까?」,
     《한국모자보건학회지》 27(2), 2023.

26   《치과신문》, '[1000호 특집] 연도별 전국 의원급 의료기관의 경영상황 분
     석', 2023년 1월 16일 기사,
     http://www.dentalnews.or.kr/news/article.html?no=36085

27   최병호, 「건강보험 보장률의 함의와 보장성 강화 정책의 의의」, 《보건복지
     포럼》 통권 제289호, 2020.

28   OECD, 「Health at a Glance 2023」, 07 Nov 2023,
     https://doi.org/10.1787/7a7afb35-en

29   강수현 등, 「2019년 재난적 의료비 경험률 현황 및 추이」, 《보건행정학회
     지》 31(1), 2021; 김수영 등, 「2021년 재난적 의료비 경험률 현황 및 추이」,
     《보건행정학회지》 33(3), 2023.

30   제갈현숙·주은선, 「노인장기요양보험의 보험자 역할 강화를 위한 시론적
     분석」, 《시민사회와 NGO》 제18권 제1호, 2020, 368~369쪽.

31   보건복지부, 「적정한 의료공급과 합리적 의료이용을 위한 건강보험 비급여
     관리강화 종합대책」, 2020년 12월 31일 발행,
     https://www.mohw.go.kr/board.es?mid=a10503010100&bid=0027&act=
     view&dist_no=362797&tag=&nPage=264

32 《의협신문》, '국민의힘, 정부여당 의료계 파업에 사과해야', 2020년 9월 8일 기사, https://www.doctorsnews.co.kr/news/articleView.html?idxno =136172

33 Sewell, William H., 〈Three Temporalities: Toward an Eventful Sociology〉, T.J. McDonald(ed.), 『The Historic Turn in the Human Science』, University of Michigan Press, 1996.

34 아케카 미나오키 지음, 권오주 옮김, 『일본의 의료』, 청년의사, 2004, 46쪽.

35 김근배, 「일제강점기 조선인들의 의사되기: 해방 직후 북한의 의과대학 교원들을 중심으로」, 《의사학》 제23권 제3호(통권 제48호), 2014, 429~468쪽.

36 신영전·김진혁, 「최응석의 생애: 해방 직후 보건의료체계 구상과 역할을 중심으로」, 《의사학》 제23권, 2014.

37 "광복 이후 3여 년에 걸쳐 북한에 있던 1천 명의 의사 중 70%가 남한으로 내려와 북한에는 의사가 300명만 남았고…", 최제창, 『한미의학사―의사의 길 60년을 돌아보며』, 영림카디널, 1996.

38 《매일경제》, '국립의료원·이건희 병원 속도…2027년 준공', 2023년 1월 31일 기사, https://www.mk.co.kr/news/economy/10625401

39 《경향신문》 사설, '개업의의 소득세 인하에 대한 건의', 1966년 11월 3일 기사.

40 "고려병원이 바로 그것. 2천 평의 대지 위에 지하 1층, 지상 8층(연건평 2천 7백 평)의 '매머드' 빌딩이다…입원비는 최하 1천 원부터 1만 원 '베이스'까지. 이 병원은 삼성 재벌이 재원이 되고 있어 발족 당시부터 '스케일' 큰 종합병원으로의 '이미지'를 높여놓았다", 《매일경제》, '인술탐방 종합병원 순례2-고려병원 편', 1969년 5월 27일 기사.

41 《동아일보》, '구급 거부 의사 6명에 영장 청구', 1972년 8월 10일 기사; 박

재영, 『개념의료. 왜 병원에만 가면 화가 날까』, 청년의사, 2020, 141쪽에서 재인용.

42 남찬섭, 「1970년대의 사회복지」, 《복지동향》 5월 호, 2006, 33쪽.

43 신현확, 「80년대 의료정책의 방향」, 《국회보》 160호, 1977 참조.

44 최성수, 「민주화와 제도적 유산 그리고 복지정치. 의료보험 개혁운동, 1980~2003」, 《사회연구》 통권12호, 2006, 39~76쪽.

45 대한병원협회, 「의료보험을 통한 의료시혜 확대(2)」, 《대한병원협회지》 5-7 호, 1976, 15~17쪽.

46 정영순, 「한국 의료보험제도에 관한 연구」, 이화여자대학교 석사논문, 1976, 68~70쪽.

47 황병주, 「1970년대 의료보험 정책의 변화와 복지담론」, 《의사학》 제20권 제2호(통권 제39호), 2011, 430쪽.

48 황병주, 위의 자료, 450~451쪽.

49 김창엽, 『건강보장의 이론』, 한울, 2018, 329~330쪽.

50 허정, 「한국적 의료보험의 개발유형에 관한 고찰」, 《보건학논집》 14-2, 1977, 161~162쪽.

51 김창엽, 「공공보건의료와 건강 정의」, 《황해문화》 겨울 호, 2020, 61~79쪽.

52 김창엽, 『건강보장의 이론』, 한울, 2018, 330~331쪽.

53 김진현, 〈건강보험 보상체계 성과와 한계〉, 「2023년 3차 필수의료 강화를 위한 의료보장혁신포럼 자료집」, 2023년 7월 6일 발표, 9쪽.

54 김진현, 위의 자료, 20~21쪽.

55 아놀드 S. 렐만 지음, 조홍준 옮김, 『미국의 전국민 의료보장을 위한 계획』, 아르케, 2008.

56 연합뉴스, '헌재 "의료광고 사전심의, 민간이 자율적으로 해야"', 2015년

12월 23일 기사, https://www.yna.co.kr/view/AKR20151223185900004?
input=1195m

57 《한국일보》, "'故 신해철 동의 없이 의사가 위 축소 수술" 사망 원인 가
능성', 2014년 10월 30일 기사, https://www.hankookilbo.com/News/
Read/201410302226450949

58 "'신해철은 본원에서 장유착 수술을 받았으나 입퇴원 과정에서 흉부 통증
을 호소했으며 심정지 상태에 이르러 심폐소생술을 실시했다'며 '심장은
본원의 진료과목이 아니기 때문에 아산병원으로 이송 결정했다'고 설명했
다", 《이투데이》, "'신해철 상태, 위밴드 수술 후 위독?" 스카이병원, 루머
에 강경 대응 의사 밝혀', 2014년 10월 24일 기사, https://www.etoday.
co.kr/news/view/1005865

59 김창엽, '상품화된 의료에 돌봄은 없다', 《한겨레21》돌봄을 돌보기 위하여
1370호, 2021년 7월 4일 연재, https://h21.hani.co.kr/arti/society/society_
general/50586.html

60 리처드 윌킨슨 지음, 김홍수영 옮김, 『평등해야 건강하다: 불평등은 어떻게
사회를 병들게 하는가』, 후마니타스, 2008.

61 전진한, 〈건강보험에 대한 윤석열 정부의 왜곡과 그 배경〉, 윤석열 정부의
긴축기조에 따른 건강보험 보장성 정책 후퇴 문제점과 대응방안 모색(국회
토론회) 토론문, 2023년 1월 3일.

62 통계청, 〈장래인구추계: 2020~2070년〉 보도자료, 2021년 12월 9일 발표.

63 임슬기, 「2023~2032년 건강보험 재정전망」, 국회예산정책처 현안보고서,
2023년 10월 발행.

64 Saltmnan, Richard B., Anna Rico and Wienke G. W. Boerma, 『Primary
Care in the Driver's Seat?』, Maidenhead: Open University Press, 2006.

65 세계보건기구 홈페이지 '일차의료' 규정 참조, https://www.who.int/health-topics/primary-health-care#tab=tab_1

66 김윤 외, 「의료공급체계 개선 이행전략 개발 연구」, 국민건강보험공단 보고서, 2020.

67 오영호, 「일차의료체계 현황과 발전방안」, 《보건복지포럼》 통권 제169호, 2010, 18쪽.

68 이승홍 외, 〈전국민주치의제도〉, 『의료 붕괴』, 이데아. 2017, 402~403쪽.

69 황도경 외, 「건강보험 보장성 확대에 따른 지속가능성 제고 방안―의원급을 중심으로」, 보건사회연구원 보고서, 2021, 52~56쪽.

70 김희성·홍은경, 「건강보험법에서 사회보험법의 원리(칙)와 그 특징 및 구조에 관한 연구」, 《노동법논총》 제21집, 2011, 304쪽.

71 전광석, 『한국사회보장법론』, 법문사, 2007, 337~388쪽.

72 신현웅, 「건강보험 관리시스템 개편과 보험자의 기능 재정립방안」, 《보건복지포럼》 통권 제82호, 2003, 46~57쪽.

73 제갈현숙·주은선, 「노인장기요양보험의 보험자 역할 강화를 위한 시론적 분석」, 《시민사회와 NGO》 제18권 제1호, 2020, 365쪽.

74 김윤, 〈윤석열 정부의 긴축기조에 따른 건강보험 보장성 정책 후퇴 문제점과 대응 방안 모색〉, 국회토론회 토론집, 2023년 1월 3일 발행.

75 김용익, '좋은 의료, 나쁜 의료, 이상한 의료: [Insight] 팬데믹 시대, 보건의료의 공공성을 다시 생각하다', 《소셜 코리아》 연속기획, 2022년 2월 23일 기사, https://socialkorea.org/labor/좋은-의료-나쁜-의료-이상한-의료/

76 Roberto Cardarelli, 「The primary care workforce: a critical element in mending the fractured US health care system」, 《Osteopathic Medicine and Primary Care》, 2009, 3:11.

77   Mark R Chassin, 「Quality of care: how good is good enough?」, 《Israel Journal of Health Policy Research》, 2012, 1:4.

78   Clay-Williams et al, 「Do large ─ scale hospital and system-wide interventions improve patient outcomes: a systematic review」, 《BMC Health Services Research》, 2014, 14:369.

79   Dennis P. Andrulis, 《Chapter 5. Access to High Quality Health Care in U.S》, Cisties. Nicholas Freudenberg et al, 『Cities and the Health of the Public』, Vanderbilt University Press, 2006.

80   Runlin Wang, 「Fighting for Life: The Impact of Competition Between Hospitals on Healthcare」, 《Harvard Economics Review》, Jun 19, 2020, https://www.economicsreview.org/post/fighting-for-life-the-impact-of-competition-between-hospitals-on-healthcare

81   김현아, 『의료비즈니스의 시대: 우리는 어쩌다 아픈 몸을 시장에 맡기게 되었나』, 돌베개, 2023.